LUDMILA BLUM

DER digitale HAND Lettering WORKSHOP

LETTERINGS DIGITAL GESTALTEN

INHALTSVERZEICHNIS

GRUNDLAGEN

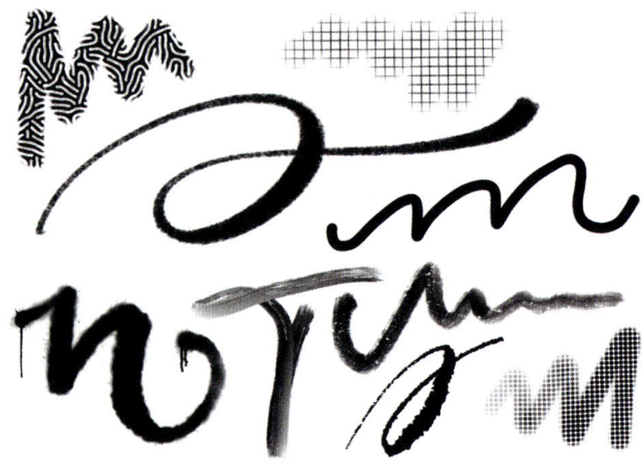

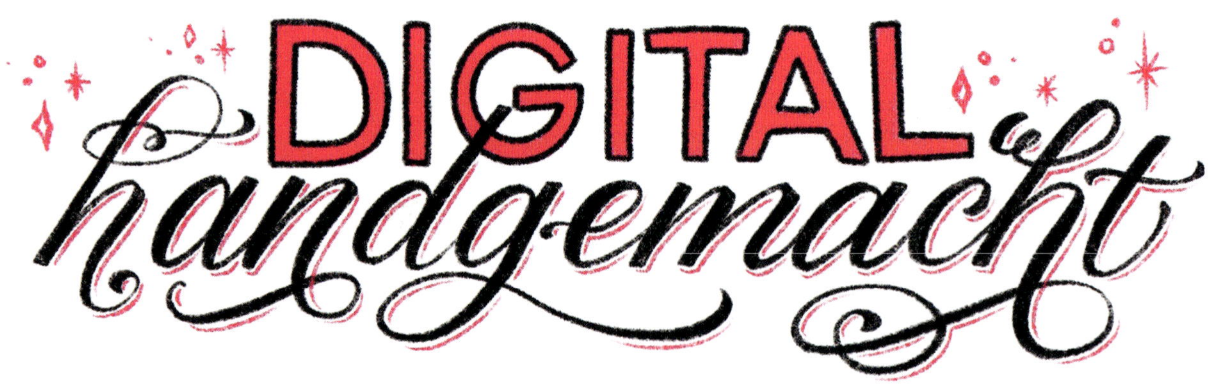

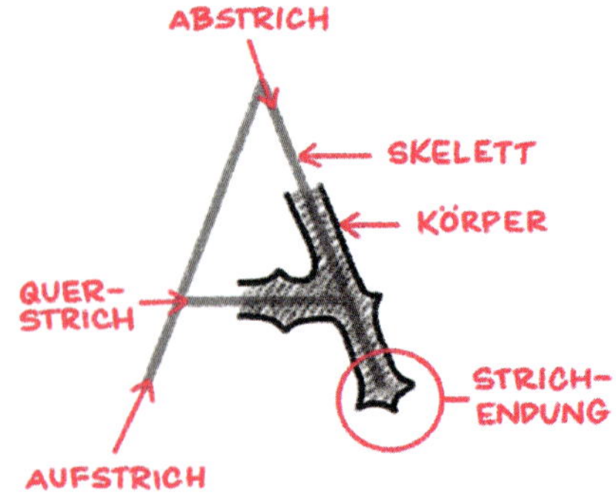

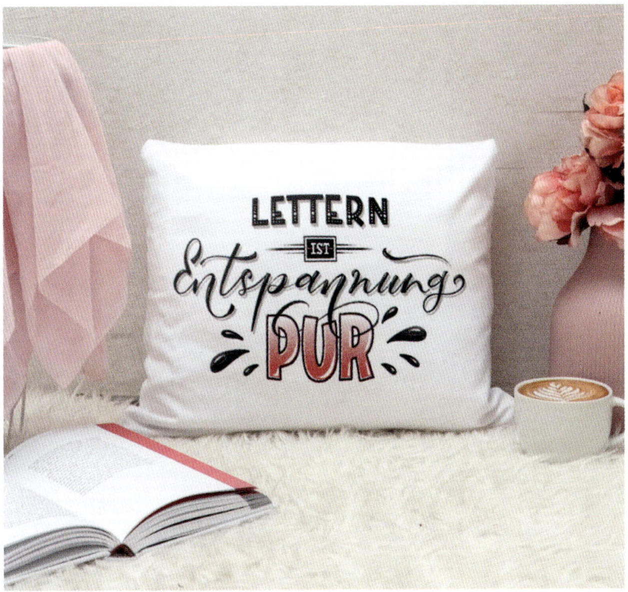

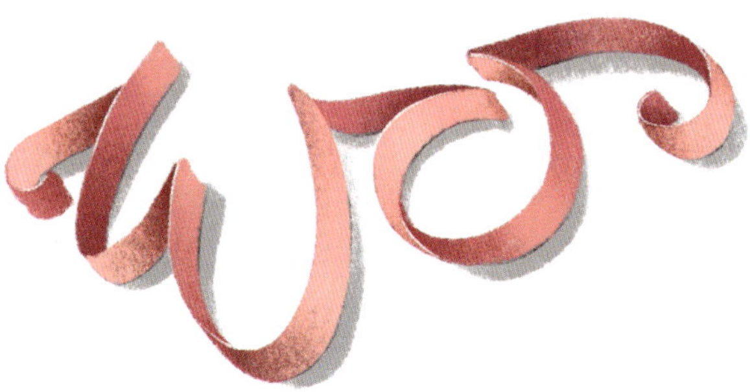

TECHNIKEN ANWENDEN

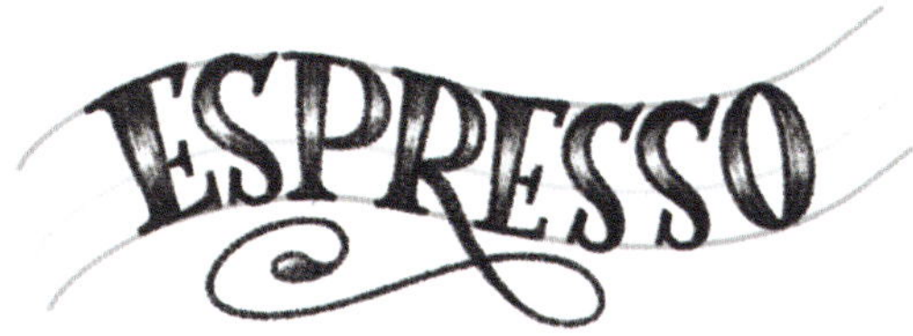

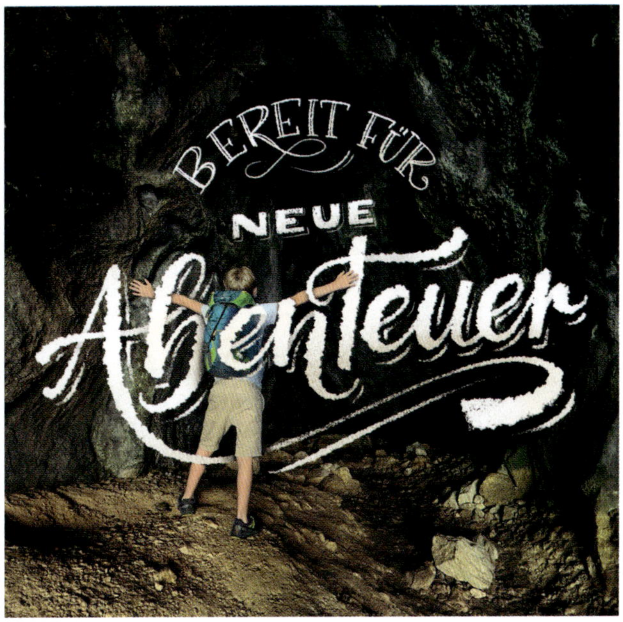

DIE WICHTIGSTEN ICONS IM ÜBERBLICK

PROCREATE:

Pinselsammlung

Aktionenmenü

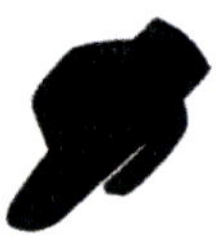
Wischfinger

Transformieren (Verschieben, Skalieren, Drehen)

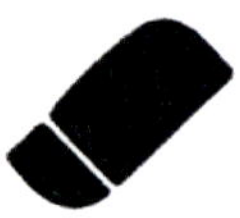
Radierer

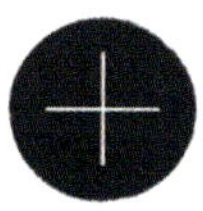
Hinzufügen

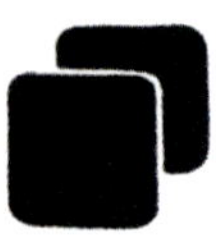
Ebenenmenü

Auswahlwerkzeug

Farbauswahl

Anpassungen (Farbe, Schärfe, Verflüssigen, Klonen)

ADOBE FRESCO:

Viele ähnlich wie bei Procreate, zusätzlich:

Transformieren

Clipping-Maske

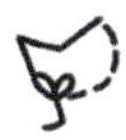
Auswahlwerkzeug

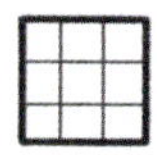
Raster

Füllwerkzeug

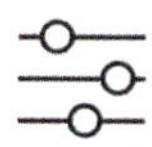
Ebeneneinstellungen

Toleranzeinstellung für Füllwerkzeug

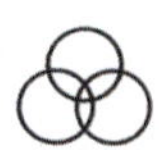
Erscheinungsbild (Farbe, Beschneiden)

ÜBER DIESES BUCH

VORWORT

Willkommen auf einer Reise in die Welt des digitalen Letterns auf dem Tablet! Du brauchst keine Vorkenntnisse im Gepäck zu haben, nur etwas Neugier und Lust, Neues auszuprobieren.

Ich weiß aus eigener Erfahrung, dass man beim Durchblättern eines Buchs mit schönen Grafiken am liebsten sofort mit dem Malen der schönsten Illustration beginnen möchte. Der Aufbau dieses Buches ist jedoch so gestaltet, dass du Schritt für Schritt tiefer in die Materie einsteigst. Das betrifft sowohl deine Kenntnisse in Sachen Handlettering als auch das Verständnis für dein Werkzeug. Bei jedem Projekt erkläre ich dir deshalb genau, wie du neu zu erlernende Techniken einsetzen kannst – deshalb ist meine Empfehlung auch, bei der ersten Station einzusteigen und aktiv jede Übung mitzumachen.

Beim digitalen Lettern gibt es viele verschiedene Wege, die dich zum gleichen Ergebnis bringen. Ich selbst lettere seit 2016 auf dem iPad mit Procreate und habe dabei jede Menge Tricks gelernt, die die Arbeit erleichtern und beschleunigen. Viele davon zeige ich dir in diesem Buch. Du kannst dir aus den gezeigten Techniken diejenigen aussuchen, die dir am meisten zusagen.

Du findest in diesem Buch zu Übungszwecken viele meiner eigenen Sprüche. Aber natürlich steht es dir jederzeit frei, deine eigenen Worte zu lettern – viel wichtiger als das „Was" ist das „Wie". Deine Letterings werden anders aussehen als meine, und das ist gut so! Bleib dir selbst treu und lass deinen ganz persönlichen Stil durchscheinen. Und vor allem: Hab Spaß an der Sache!

Ich wünsche dir bereichernde und entspannte Stunden auf deinem Weg zum digitalen Lettern.

Deine

Ludmila Blum

BUNTE GALERIE

SO FUNKTIONIERT DER WORKSHOP

Was du gerade in den Händen hältst, ist nur ein Teil deines Workshops zum digitalen Lettern – das Anleitungsbuch in gedruckter Form. Zum Workshop gehört aber noch viel mehr: Ein zusätzliches Nachschlagewerk in digitaler Form zum Herunterladen, viele Anleitungsvideos zum Anschauen sowie ein gut gefüllter ZIP-Ordner zum Download mit Übungen, zwei Brushsets und einem Brush, Hintergrundgrafiken und fertigen Letterings. Damit bist du bestens ausgerüstet, um dich in das Abenteuer des digitalen Letterns stürzen zu können.

DIE DIGIBIB – ALLE DATEN AN EINER STELLE

In unserer Digibib findest du alle im Buch erwähnten Dateien: die beiden digitalen Nachschlagewerke, alle Videos zu deinem Workshop und den ZIP-Ordner.

Bitte beachte: Alle Übungsblätter, Brushsets und das Bonusmaterial stellen wir dir im ZIP-Ordner zum Download zur Verfügung. Wir empfehlen dir, diesen auf dein Tablet herunterzuladen und dort zu entpacken.

www.topp-kreativ.de/digibib

FREISCHALTCODE: 57516

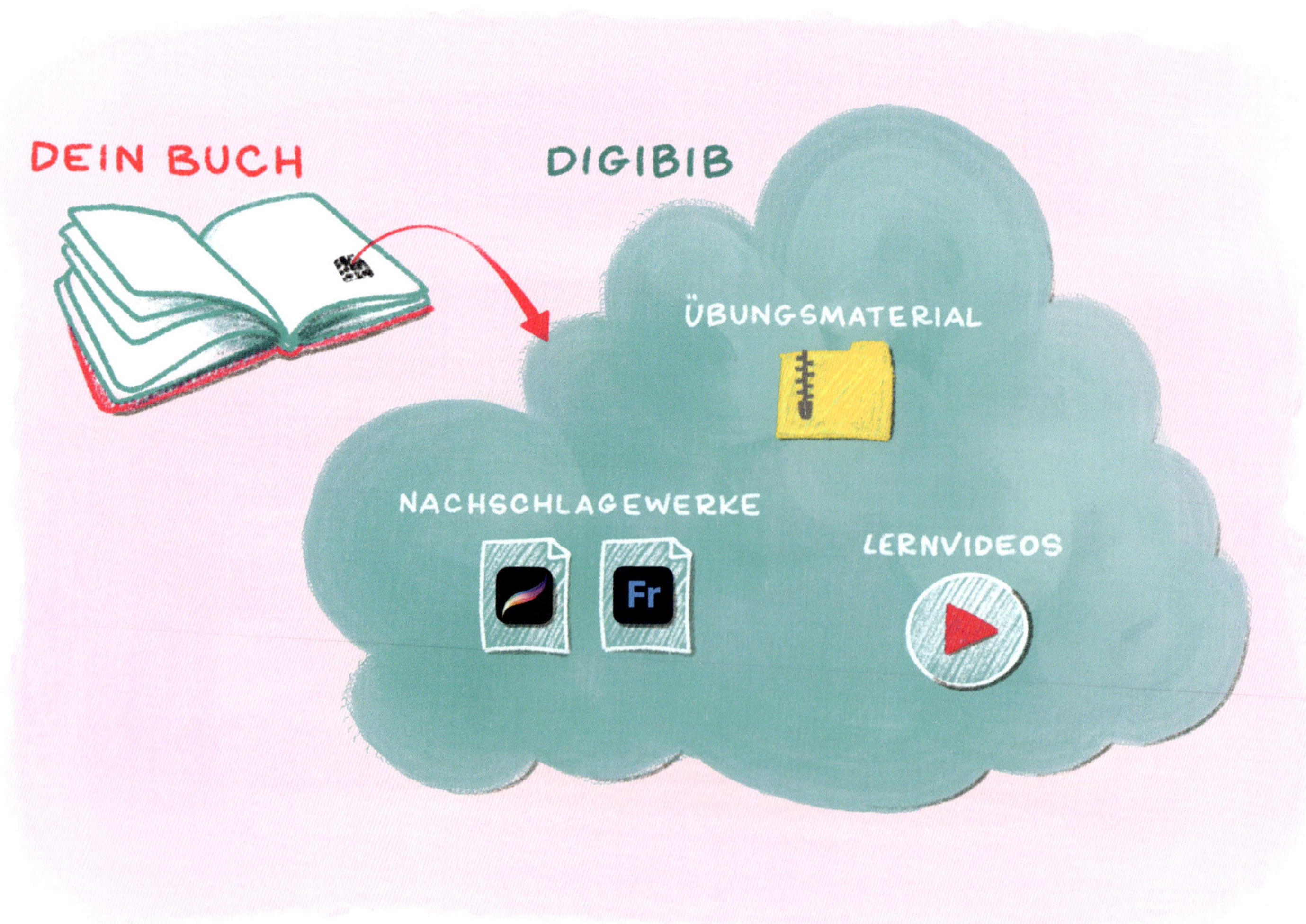

DIGITALES NACHSCHLAGEWERK

Das digitale Nachschlagewerk fasst alle wichtigen Funktionen deiner Zeichenapp zusammen und enthält alle Video-Links. Mit einem Klick auf den zugehörigen Videobutton, kannst du diese direkt erreichen. So sparst du dir das Scannen der QR Codes im Buch und hast alles griffbereit auf deinem Tablet.

Lade dir dein Nachschlagewerk am besten direkt auf dein Tablet herunter, speichere es dort ab und öffne es in einer beliebigen App, die PDFs anzeigen kann. Bestimmt ist auf deinem Tablet bereits ein entsprechendes Programm vorinstalliert, sodass du die Datei nur antippen musst, um sie zu öffnen.

DOWNLOAD HIER ODER IN DER DIGBIB

PROCREATE
DEIN DIGITALES NACHSCHLAGEWERK

FRESCO
DEIN DIGITALES NACHSCHLAGEWERK

VIDEOS UND DIGITALE ÜBUNGSBLÄTTER

Immer, wenn dir im Buch der untenstehende Sticker begegnet, findest du zu dem dort beschriebenen Thema ein Video. Der Sticker verrät dir den Titel des Videos. Scan den QR Code und schau dir das Video an. Da wir in diesem Buch zwei Zeichenprogramme vorstellen (Procreate und Fresco), findest du Videos zu beiden Apps. Halte also immer Ausschau nach den Info-Stickern, um weitere, hilfreiche Informationen zum Umgang mit deiner Zeichenapp zu bekommen.

VIDEO-ANLEITUNG
FRESCO PROCREATE

Alle Übungsblätter, Hintergründe, Brushset und Bonusmaterial findest du im ZIP-Ordner in der Digibib. Lade ihn am besten gleich auf dein Tablet herunter und entpacke ihn. So hast du den bequemsten Zugriff auf das Material.

DIGITALES BONUSMATERIAL
Name der Datei in deinem zip-Ordner

DIGITALES LETTERN

WAS IST DAS?

Schön, dass du hier bist und dich in die faszinierende Welt des digitalen Letterns auf dem Tablet stürzen möchtest. In diesem Buch werde ich dir Schritt für Schritt zeigen, wie du mit Apps wie Procreate oder Adobe Fresco beeindruckende digitale Kunstwerke erstellen kannst.

Du musst weder bereits lettern können noch Know-how im Zeichnen mit digitalen Werkzeugen mitbringen. Das alles kommt mit der Zeit ganz von selbst. Solltest du allerdings das Kreieren eigener Schriftarten oder Brush Lettering mit dem Pinselstift bereits beherrschen, wird dir das Übertragen auf die digitale Variante wahrscheinlich sehr leichtfallen.

Digitales Lettering ist eine moderne Form der kreativen Schriftgestaltung, bei der du Buchstaben und Wörter auf einem Tablet oder anderen digitalen Geräten erstellst.
Im Vergleich zum traditionellen Handlettering bietet die digitale Variante zahlreiche Vorteile: Fehler lassen sich leicht korrigieren, du kannst eine Vielzahl von Farben und Effekten einsetzen und das volle Potenzial der digitalen Technologie auszuschöpfen.

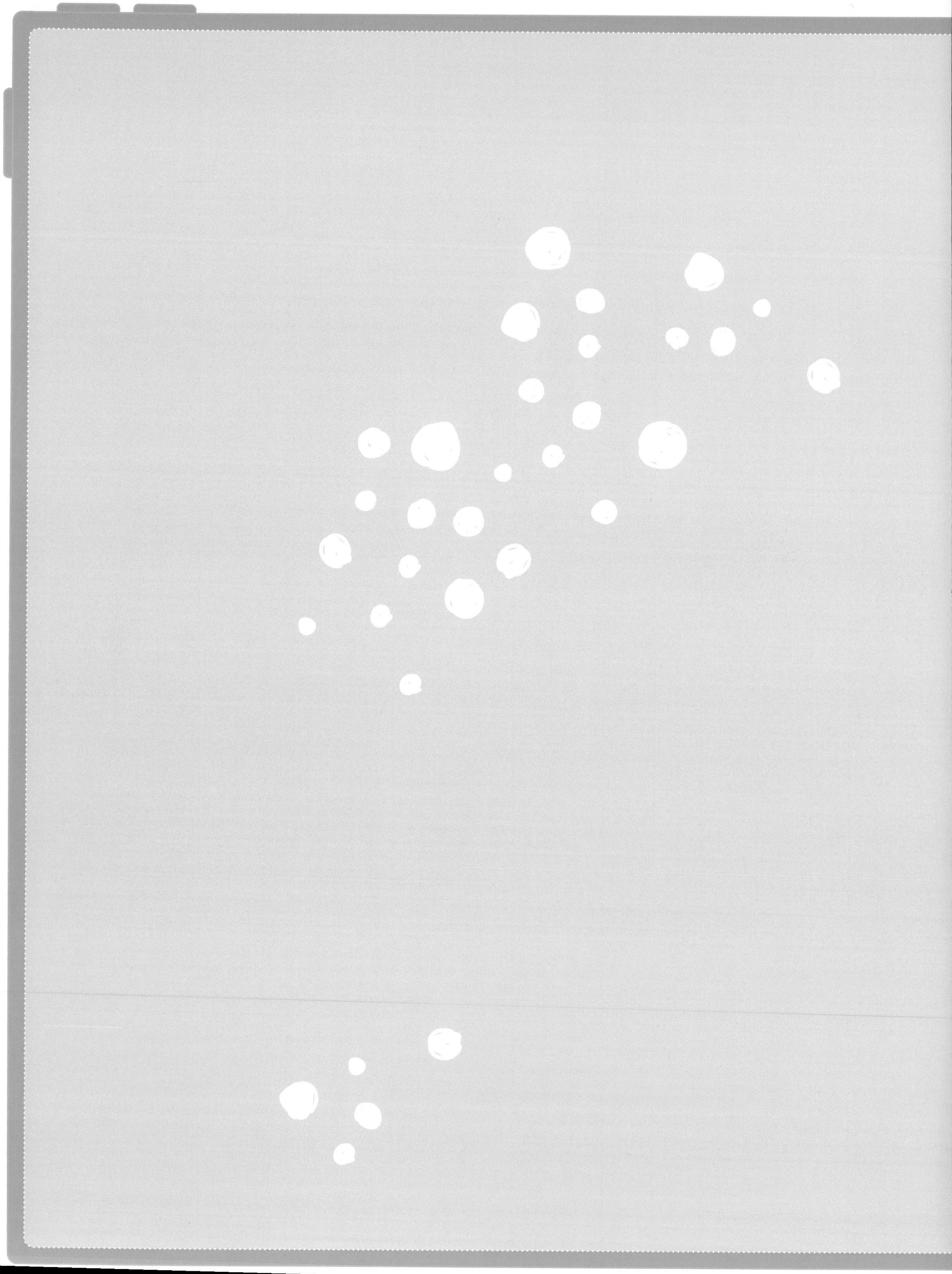

KAPITEL 1

GRUNDLAGEN

So wird's gemacht

DIE BASICS

PINSEL, EBENEN UND RADIERER

Bevor wir uns in die praktische Umsetzung stürzen, lass uns einige grundlegende Begriffe klären:

- **Pinsel:** Der Pinsel ist dein virtuelles Schreibwerkzeug. Wie bei einem echten Pinsel gibt es verschiedene Arten, Formen und Größen. Du kannst zwischen unterschiedlichen Pinseln wählen, um verschiedene Effekte zu erzielen. Darüber hinaus gibt es aber auch Pinsel, die Bleistifte, Sprühdosen oder Texturen imitieren. Zur Pinselsammlung gelangst du, indem du auf das Pinselsymbol tippst. Durch erneutes Tippen auf deinen ausgewählten Pinsel kannst du deine Pinseleinstellungen bearbeiten oder sogar eigene Pinsel kreieren.

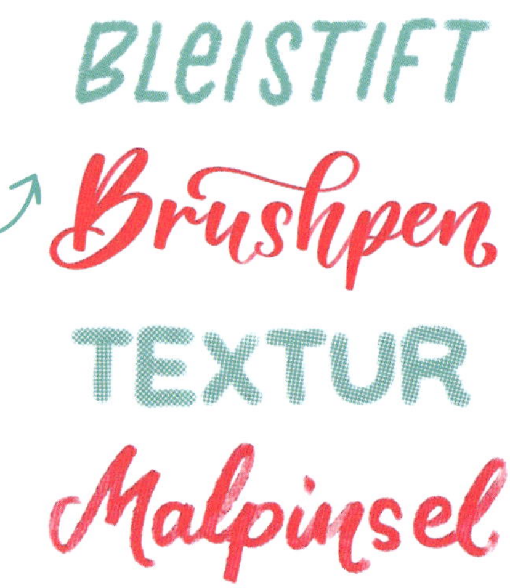

- **Ebene:** Stelle dir Ebenen wie transparente Blätter auf einem digitalen Stapel vor. Jede Ebene kann unabhängig bearbeitet werden, was dir ermöglicht, verschiedene Elemente getrennt voneinander zu gestalten. Du kannst zum Beispiel den Hintergrund auf einer Ebene malen oder auch als Foto einfügen und den Text auf einer weiteren Ebene darüberlegen. Öffne das Ebenen-Bedienfeld über die zwei übereinanderliegenden Quadrate.
- **Radierer:** Der Radierer funktioniert genauso wie ein echter Radiergummi, nur digital. Er ermöglicht es dir, Fehler ganz einfach zu korrigieren.

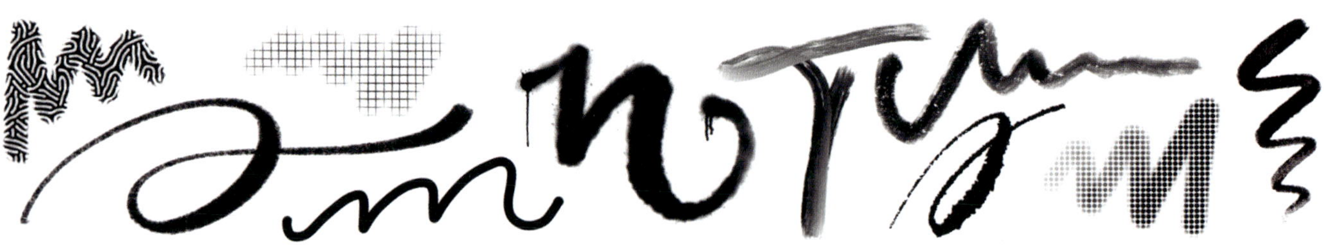

Hier siehst du eine Auswahl an verschiedenen Pinseln

VIELE MÖGLICHKEITEN

Das digitale Lettern auf dem Tablet bietet dir noch jede Menge mehr Möglichkeiten:

- **Pinselvarianten:** Jeder Pinsel hat seine eigene Persönlichkeit! Es gibt nicht nur verschiedene Arten, sondern auch verschiedene Konfigurationsmöglichkeiten für jeden Pinsel. Du kannst die Größe, Deckkraft, Struktur und Farbveränderungen einstellen. Experimentiere mit diesen Einstellungen, um deinem Lettering eine einzigartige Note zu verleihen.
- **Mischmodi:** Ebenen können verschiedene Mischmodi haben, die beeinflussen, wie Farben aufeinander wirken. Zum Beispiel kann der Mischmodus „Überlagern" lebendige Farben erzeugen, während „Multiplizieren" für Schattierungen sorgt. Spiele mit diesen Mischmodi, um überraschende Effekte zu erzielen.
- **Textur und Struktur:** Digitales Lettering bedeutet nicht, dass alles perfekt aussehen muss. Füge deinen Kreationen Textur und Struktur hinzu, um einen handgemachten Look zu erzielen. Du kannst spezielle Pinsel verwenden oder sogar eigene Texturen erstellen.
- **Stiftdruck:** Moderne Tablets erkennen den Druck, den du mit deinem Stift, dem sogenannten Pencil, auf das Display ausübst. Das bedeutet, dass du mit unterschiedlichem Druck beeindruckende Variationen in deinem Lettering erzeugen kannst. Spiele damit, um deine Schriftzüge lebendiger zu gestalten.
- **Pinsel erstellen:** Warum sich auf vorgefertigte Pinsel beschränken? Die digitalen Zeichenapps ermöglichen es dir, deine eigenen Pinsel zu erstellen. Experimentiere mit verschiedenen Formen und Einstellungen, um einen Pinsel zu schaffen, der genau zu deinem Stil passt.

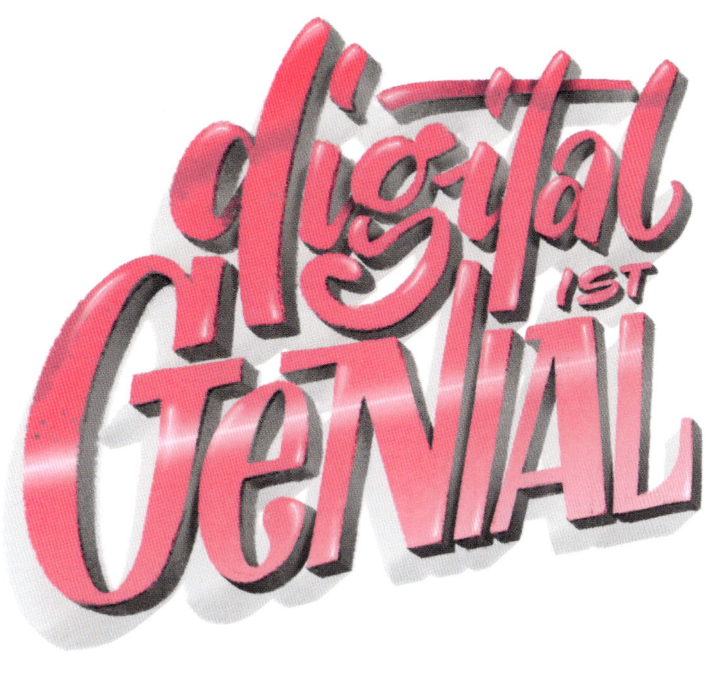

All das wirst du im Laufe des Buchs kennenlernen. Wenn du deine Reise ins digitale Lettern gerade erst beginnst, empfehle ich, dir ein Kapitel nach dem anderen vorzunehmen. Probiere die gezeigten Arbeitsschritte auch wirklich selbst aus – das ist für deinen Lernerfolg sehr wichtig. So lernst du nicht nur neue Zeichentechniken, sondern verinnerlichst praktisch ganz nebenbei auch die Steuerung deines Zeichenprogramms.

DEIN DIY-LERNABENTEUER

Dieses Buch ist dein persönlicher Begleiter auf deiner Reise in die Welt des digitalen Letterings. Jedes Kapitel wird praktische Übungen und Beispiele enthalten, um sicherzustellen, dass du die Konzepte verstehst und anwenden kannst.

Bist du bereit, loszulegen? Dann schauen wir uns an, was du für deine Reise brauchen wirst. Hier ist eine Liste von essenziellen Dingen sowie ein paar Extras, die dein Lettering-Erlebnis noch verbessern können.

MUST-HAVES

- **Tablet:** Ein Tablet ist die Grundvoraussetzung für digitales Lettering. Es sollte ein Modell sein, das den Stift an sich sowie Druckempfindlichkeit unterstützt. Beliebte Modelle sind das iPad mit dem Apple Pencil für Procreate oder ein Tablet, das mit einem Stift für Adobe Fresco kompatibel ist.
- **Stift**: Ein präziser, drucksensitiver Stift ist entscheidend für feine Linien und kreative Effekte. Ersatzminen wirst du wahrscheinlich nicht so schnell brauchen. Sie nutzen sich kaum ab – wenn dir der Stift jedoch runterfällt und unglücklich auf der Spitze landet, kann diese unbrauchbar werden. Zum Glück ist in diesem Fall ein Austausch bei den meisten Stiften kein Problem.
- **Zeichensoftware:** Wähle eine Zeichenanwendung, die für digitales Lettering geeignet ist. Procreate und Adobe Fresco sind großartige Optionen und bieten eine Vielzahl von Werkzeugen, Pinseln und Funktionen für Lettering-Künstler:innen. Ich selbst arbeite mit der kostenpflichtigen App Procreate, Fresco von Adobe ist zumindest zur Zeit der Entstehung dieses Buches frei erhältlich. Natürlich kannst du den App Store (Apple-Geräte) oder den Play Store (Android-Geräte) nach Alternativen durchsuchen und eine Grafikapp deiner Wahl installieren. Menüs und Bedienelemente könnten dann allerdings anders benannt und positioniert sein als im Buch beschrieben.

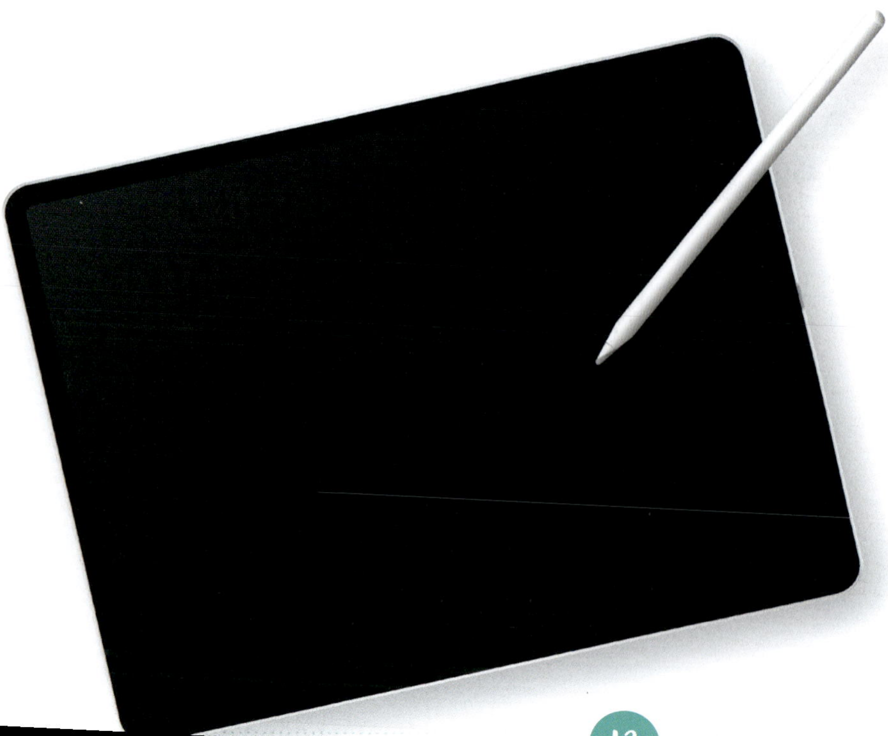

ZUSÄTZLICHE OPTIONEN

- **Handschuh:** Ein spezieller Handschuh ist praktisch, wenn du viel Zeit mit dem Tablet verbringst. Er bedeckt nur den kleinen Finger und den Handballen – falls du leicht schwitzt oder das Gefühl hast, am Bildschirm kleben zu bleiben, könnte dieses Accessoire das Richtige für dich sein.

- **Tablet-Ständer:** Ein verstellbarer Ständer für dein Tablet ermöglicht es dir, in einer bequemen Position zu arbeiten, insbesondere wenn du längere Sessions vor dir hast. Ich persönlich sitze am liebsten auf dem Sofa mit dem Tablet auf dem Schoß.

- **Spezielle Lettering-Pinselsets:** Einige Künstler:innen schwören auf speziell entwickelte Pinselsets fürs Lettering. Diese können Arbeitsschritte beschleunigen oder mehr Variationen in deine Kunstwerke einbringen, sind aber kein Muss, da die meisten Apps bereits eine breite Palette an Werkzeugen mitbringen.

- **Bildschirmfolie:** Die wieder ablösbare Spezialfolie wird auf den Bildschirm geklebt und simuliert die Textur von Papier. Sie reduziert die Glätte und gibt dem Stift ein angenehmes Widerstandsgefühl, ähnlich dem Schreiben auf Papier. Die Folie kann aber auch die Spitze des Stiftes schneller abnutzen lassen. Achte daher auf Qualität!

- **Extralanges Ladekabel:** Das ist mein Spezialtipp als Sofa-Letterin. So manche gemütliche Lettering-Session wäre ohne meine zwei Meter lange Verbindung zur Steckdose geplatzt – oder zumindest deutlich zu kurz geraten!

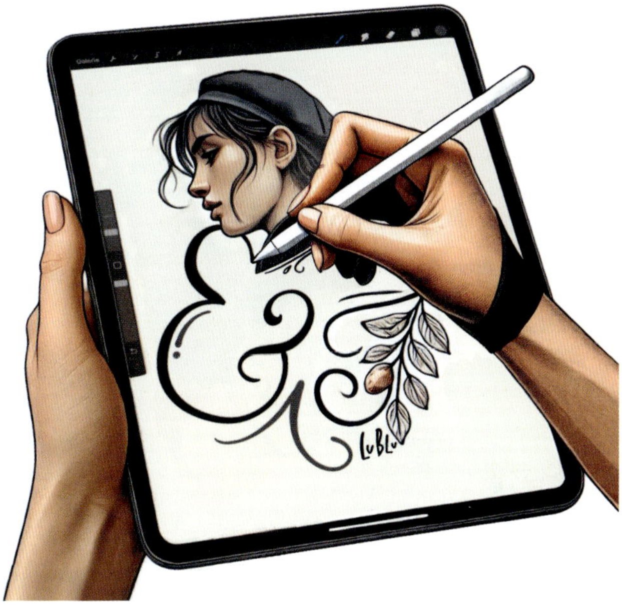

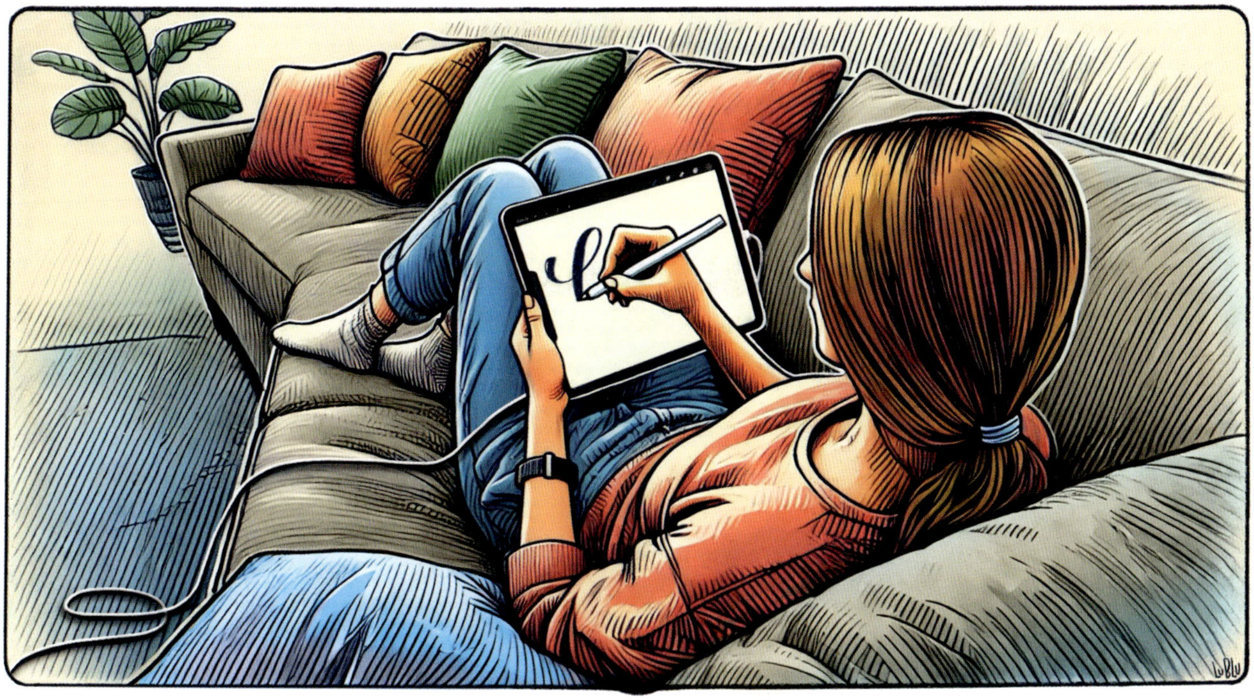

PROCREATE & ADOBE FRESCO

VERSTEHE DEINE ZEICHENSOFTWARE

Herzlich willkommen im Herzstück deines digitalen Lettering-Abenteuers – der Zeichensoftware! Hier lernst du die wichtigsten Begriffe, erfährst, wie man ein neues Bild erstellt und worauf du bei den verschiedenen Einstellungen achten solltest.

Aber erst einmal ist es jetzt Zeit, die Zeichensoftware zu installieren. Hier ist eine einfache Anleitung, die sowohl für das iPad als auch für Android-Tablets funktioniert.

SO INSTALLIERST DU DIE ZEICHENSOFTWARE

1. Stelle sicher, dass dein Tablet ausreichend aufgeladen ist oder mit Strom versorgt wird und mit dem Internet verbunden ist.
2. App Store (iOS) oder Google Play Store (Android) öffnen.
3. Procreate oder Adobe Fresco in die Suchleiste eingeben und auswählen.
4. Tippe auf „Installieren“ und warte, bis die App heruntergeladen und installiert ist.
5. Hinweis für Android-Nutzer: Beachte, dass die Verfügbarkeit von Procreate möglicherweise eingeschränkt ist, da es hauptsächlich für iOS-Geräte entwickelt wurde. Adobe Fresco ist jedoch sowohl für iOS als auch für Android verfügbar.
6. Tippe auf das App-Symbol, um Procreate oder Adobe Fresco zu öffnen.

Zeichensoftware
Adobe Fresco

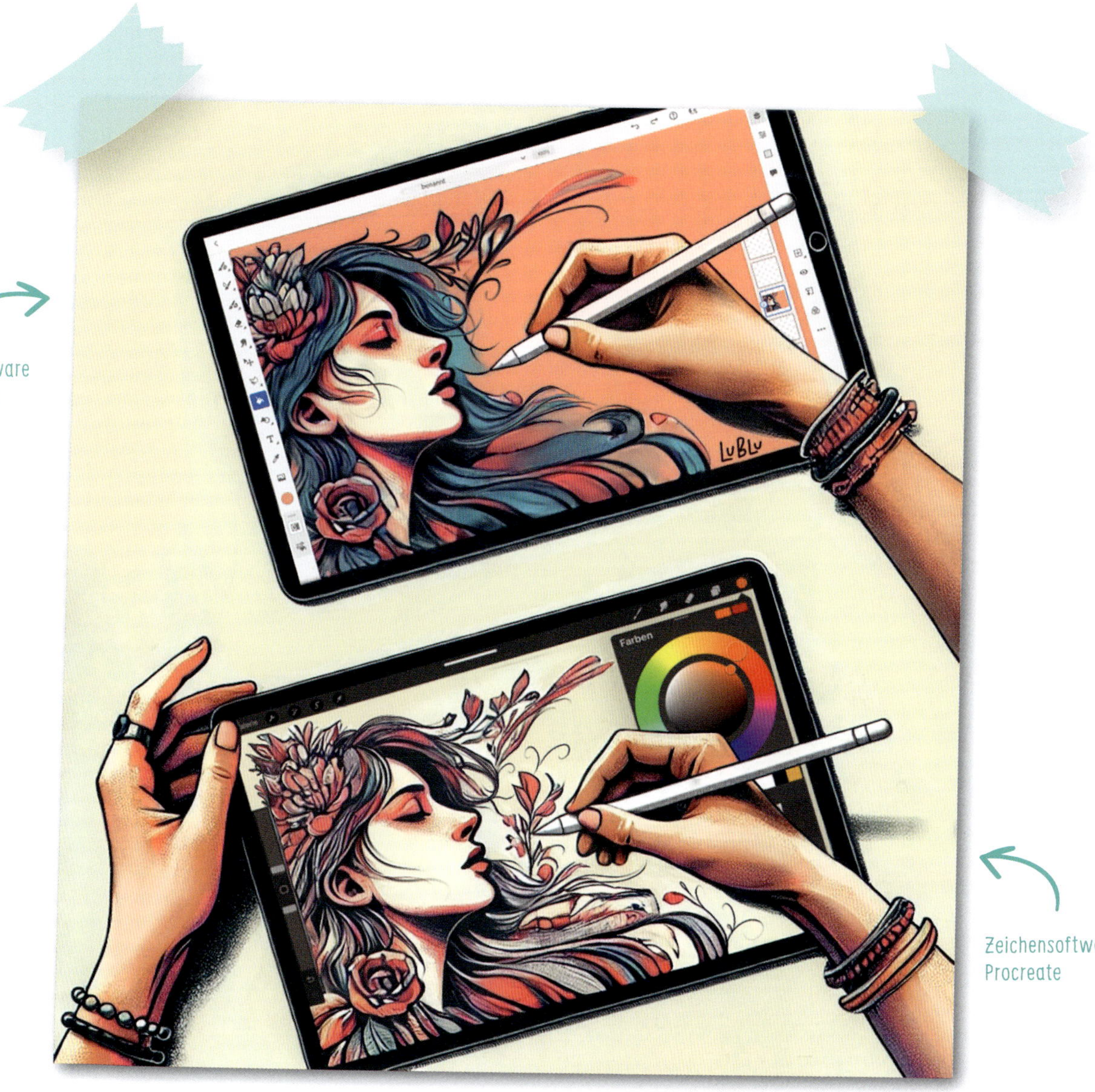

Zeichensoftware
Procreate

Am besten, du lädst dir gleich das Nachschlagewerk für deine Zeichensoftware auf dein Tablet herunter.

PROCREATE
DEIN DIGITALES NACHSCHLAGEWERK

FRESCO
DEIN DIGITALES NACHSCHLAGEWERK

DOWNLOAD HIER ODER IN DER DIGBIB

DIE BEDIENOBERFLÄCHE: PROCREATE

Beim Start der App gelangst du in die Galerie, wo du zunächst einige Beispielprojekte findest – später kannst du hier deine eigenen Projekte verwalten. Tippe auf eines der Projekte oder erstelle über das Plus-Zeichen in der oberen rechten Ecke eine neue Leinwand, um zur eigentlichen Bedienoberfläche zu gelangen.

Sobald ein Projekt ausgewählt ist, öffnet sich die Leinwand. Sie nimmt den größten Teil des Bildschirms ein und stellt den **Arbeitsbereich** dar. Oberhalb der Leinwand befindet sich das Hauptmenü, in welchem du verschiedene, wichtige Funktionen findest: Der Menüpunkt „Aktionen" mit dem **Schraubenschlüssel** als Symbol führt zu den allgemeinen Einstellungen und den Im- und Exportoptionen. Das **Zauberstab-Symbol** enthält Werkzeuge zur Bildanpassung wie Helligkeit, Farbveränderungen oder Weichzeichnen, während das **S-Symbol** sowie der **Pfeil** Auswahl- und Transformationswerkzeuge für präzise Bildbearbeitungen bereithalten.

Auf der rechten, oberen Seite der Leinwand befindet sich die **Werkzeugleiste** mit den zentralen Zeichenwerkzeugen: Hier gelangst du in die **Pinselsammlung** oder kannst einen **Radiergummi** wählen. Der **Wischfinger** ermöglicht es dir, Farben auf der Leinwand weichzuzeichnen oder zu verwischen.

Hinter den beiden übereinanderliegenden Quadraten verbirgt sich deine **Ebenenverwaltung**: Sie erlaubt es, neue Ebenen hinzuzufügen, bestehende zu organisieren und separat zu bearbeiten.

Mit einem Tippen in den farbigen Kreis ganz rechts oben öffnet sich das **Farben-Bedienfeld**, in welchem sich Farben auswählen und bearbeiten lassen. Zudem kannst du den farbigen Kreis in eine geschlossene Form ziehen, um diese gänzlich mit Farbe zu füllen (Color Drop).

An der linken Seite der Leinwand findest du die Seitenleiste. Dort kannst du sowohl die **Pinselgröße** als auch die **Deckkraft** deines aktuellen Werkzeugs anpassen. Zudem sind dort Schaltflächen installiert, mit deren Hilfe du **Aktionen rückgängig** machen oder **wiederholen** kannst sowie die **Farbauswahl**, um schnell die gewünschte Farbe im Bild zu finden.

BEDIENOBERFLÄCHE

PROCREATE

DIE BEDIENOBERFLÄCHE: ADOBE FRESCO

Beim Start von Adobe Fresco gelangst du auf den Startbildschirm, der eine Übersicht über kürzlich geöffnete Dokumente, gespeicherte Projekte und Vorlagen bietet. Hier kannst du neue Dokumente erstellen oder vorhandene Dateien öffnen oder gegebenenfalls importieren. Erstelle oder öffne ein Projekt, damit du den Hauptarbeitsbereich sehen kannst. Die Leinwand selbst nimmt den größten Teil des Bildschirms ein und bietet viel Platz zum Zeichnen und Malen.

Am oberen Rand der Leinwand befindet sich das Hauptmenü, in welchem du verschiedene, zentrale Funktionen findest: Über das **Dateimenü** können Projekte gespeichert und exportiert werden. Im **Bearbeitungsmenü** hast du Zugriff auf Werkzeuge, mit deren Hilfe du Aktionen rückgängig machen, wiederholen oder anpassen kannst. Das **Ansichtsmenü** ermöglicht das Ein- und Auszoomen sowie das Ein- und Ausblenden von Bedienfeldern und Hilfslinien.

Rechts oben in der Menüleiste befinden sich wichtige Schaltflächen für grundlegende Aktionen wie Rückgängig/ Wiederholen, Einstellungen und Teilen. Diese Leiste ermöglicht schnellen Zugriff auf oft genutzte Funktionen, was den Arbeitsablauf effizienter macht.

Links neben der Leinwand befindet sich die **Werkzeugleiste**. Sie umfasst die wichtigsten Zeichenwerkzeuge. Hier kannst du zwischen verschiedenen **Pinseln**, dem **Radiergummi**, dem **Füllwerkzeug** und dem **Auswahlwerkzeug** wählen. Die Pinselpalette bietet eine breite Auswahl an verschiedensten Pinseln sowie Live-Pinsel, die realistische Aquarell- und Ölfarben-Effekte erzeugen.

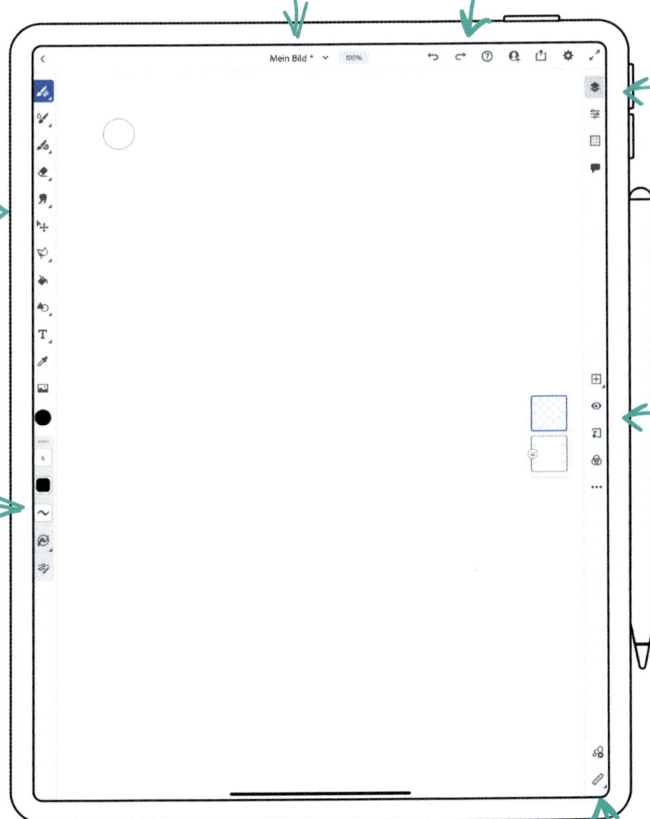

Gleich darunter findest du die **Farbpalette**, die schnelle Farbwechsel ermöglicht. Hier können Farben ausgewählt und gespeichert werden. Außerdem kannst du hier noch weitere Pinseleinstellungen vornehmen.

Ganz oben in der rechten Seitenleiste findest du in Form zweier übereinander schwebender Quadrate das Icon für die **Ebenenverwaltung**. Tippe darauf, um den mittleren Abschnitt der Menüleiste ein- oder auszuschalten. Außerdem kannst du hier die Eigenschaften deiner Ebenen konfigurieren und Einstellungen für das Raster vornehmen.

Der mittlere Abschnitt der rechten Seitenleiste erscheint nur dann, wenn du oben die **Ebenenverwaltung** eingeblendet hast. Hier kannst du Ebenen hinzufügen, duplizieren oder löschen, Ebenen sperren und entsperren sowie ihre Sichtbarkeit oder Reihenfolge ändern. Immer dann, wenn du mit deinen Ebenen arbeiten möchtest, solltest du in diesem Ebenenmenü nach dem entsprechenden Eintrag suchen. Vor allem unter dem Icon mit den drei Punkten findest du jede Menge **Ebenenaktionen**. Jetzt wäre ein guter Zeitpunkt, dir alle Menüeinträge einmal anzusehen …

Der unterste Abschnitt der rechten Menüleiste besteht aus zwei Icons: das obere Icon führt dich zum **Animieren von Grafiken**, das untere zum **Lineal-Werkzeug**.

BEDIENOBERFLÄCHE

FRESCO

VOR UND NACH DEM MALEN

EIN NEUES PROJEKT STARTEN

Öffne Procreate oder Adobe Fresco auf deinem Tablet. Sobald du die Galerieansicht mit bestehenden (Beispiel-)Projekten siehst, tippst du in Fresco auf eine der vorgeschlagenen Formatvorlagen. In Procreate findest du die Formatvorlagen unter dem Pluszeichen in der oberen, rechten Ecke. Wählst du die gewünschte Vorlage, wird eine neue Datei angelegt und direkt zur Bearbeitung geöffnet. In beiden Programmen landest du so direkt in der Bedienoberfläche (siehe Seite 16 f.).

DIE BILDGRÖSSE

Die Bildgröße deiner Leinwand, und somit auch deines finalen Bildes, kann in Pixeln, Zentimetern oder mit Hilfe der dpi-Anzahl (dpi = dots per inch, also Bildpunkte pro Zoll) angegeben werden. Ein digitales Bild besteht immer aus einer Vielzahl an Pixeln. Der Unterschied zu einer Größenangabe in Zentimetern besteht darin, dass Zentimeter immer die gleiche Größe haben, Pixel aber unterschiedlich groß sein können.

Die Größe und Anzahl der Pixel (Bildpunkte) bestimmt die Auflösung und damit auch die Qualität deiner Bilder. Je mehr Pixel, desto höher die Auflösung und feiner die Details, aber desto mehr Speicherplatz wird auch benötigt. Das Verkleinern eines Bildes ist unproblematisch, aber das Vergrößern kann zu Qualitätsverlusten führen – das Bild wird unscharf.

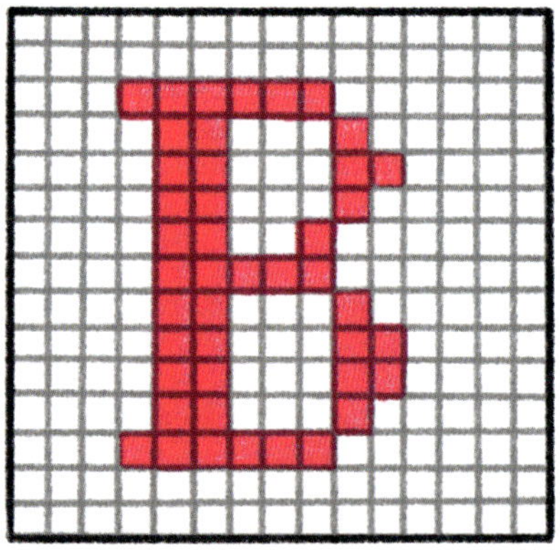

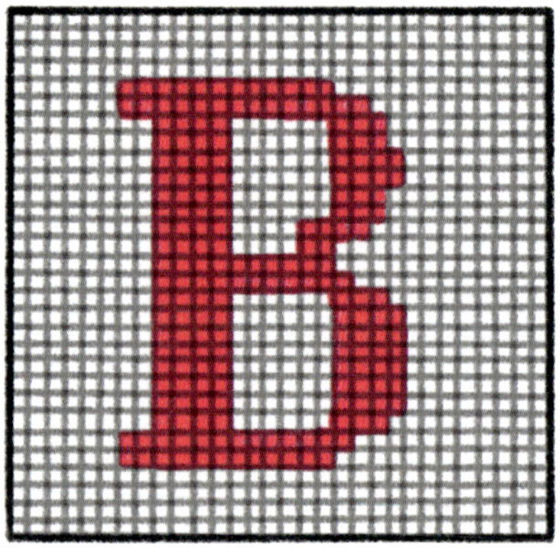

Der Buchstabe „B" in einfacher und doppelter Auflösung bei gleicher Breite in Zentimetern. In Pixeln angegeben hat das obere Bild eine Größe von 15 x 15 Pixeln, das untere eine Größe von 30 x 30 Pixeln.

VON PIXELN UND BILDPUNKTEN

Dein fertiges Bild kannst du entweder ausdrucken oder im Internet, beispielsweise auf Social-Media-Plattformen, teilen. Für einen Druck in guter Qualität solltest du auf eine Auflösung von 300 dpi achten. In Procreate ist eine Einstellung von 300 dpi voreingestellt, wenn du eine Formatvorlage auswählst, deren Abmessungen in Zentimetern angegeben ist. Du kannst diese Einstellung also einfach beibehalten.

Daneben gibt es in Procreate auch Formatvorlagen, deren Größe in Pixeln und nicht in Zentimetern angegeben ist. Bei Fresco sind sogar alle vorgegebenen Bildgrößen in Pixeln angelegt. Wenn du auf „Eigene Größe" tippst, kannst du eigene Formatvorlagen in Zentimetern und dpi anlegen.

Für Social Media, also zum Teilen deiner Bilder auf Plattformen wie Instagram oder Facebook, brauchst du nur die Höhe und Breite in Pixeln anzugeben. Das optimale Format für Instagram ist beispielsweise 1080 × 1080 Pixel, ein Bildbeitrag bei Facebook kann hingegen bis zu 2048 Pixel breit sein. Du kannst die optimalen Größen im Internet recherchieren – allerdings schneiden die Programme die Bilder automatisch für dich zurecht, sollten sie nicht das optimale Format haben. Mach dir zu Beginn also nicht allzu viele Gedanken über die perfekte Bildgröße.

Du kannst sowohl das Format als auch die Auflösung im Nachhinein ändern. Beginne daher lieber zu groß als zu klein, um Qualitätsverluste beim Hochskalieren (Vergrößern) zu vermeiden.

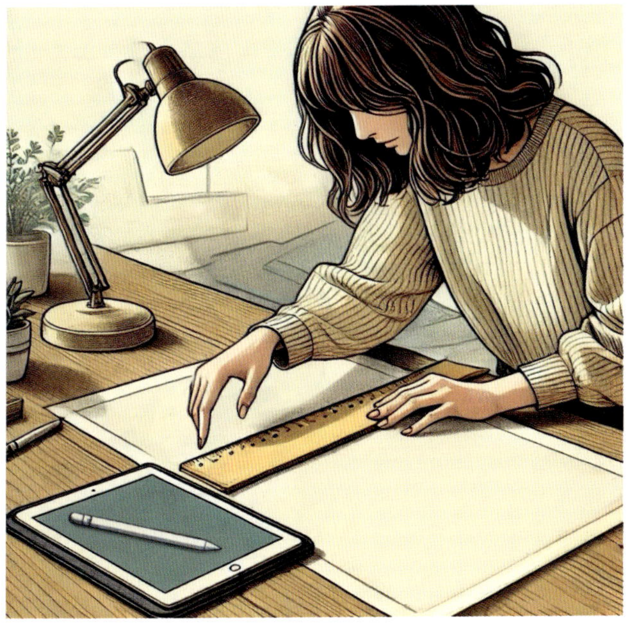

LEINWAND ANLEGEN IM WUNSCHFORMAT

FRESCO

PROCREATE

SPEICHERN IN DATEIFORMATEN

Dein Werk wird laufend automatisch im Dateiformat der Anwendung gespeichert, was dir erlaubt, nahtlos weiterzuarbeiten, auch wenn du zwischendurch die App oder dein Tablet ausschaltest. Möchtest du dein Bild jedoch teilen oder drucken, musst du es zuvor in dein gewünschtes Dateiformat exportieren. Hier findest du eine Auflistung der gängigsten Formate:

- **PSD:** Das psd-Format wandelt dein Bild in eine Datei um, die mit dem Bildbearbeitungsprogramm Adobe Photoshop kompatibel ist. Es ist neben den programmeigenen Formaten das einzige, bei dem die Ebenen erhalten bleiben, sodass diese nach dem Import in ein anderes Programm wie Photoshop, Procreate oder Fresco unabhängig voneinander weiterbearbeitet werden können. Falls du ein anderes Programm verwendest, solltest du prüfen, ob es das Photoshop-Format lesen kann.
- **JPG:** Ein gängiges Format, das sich ideal zum Teilen eignet. Die Ebenen werden zu einem einzigen Bild zusammengefasst und zusätzlich komprimiert, damit die Dateigröße kleiner wird. Je stärker diese Komprimierung eingestellt wird, desto deutlicher wird der Qualitätsverlust sichtbar.
- **PNG / TIFF:** Beides sind Formate mit hoher Bildqualität, was sie perfekt für den Druck macht. Das .tiff-Format hat die höchste Bildqualität, während das .png-Format ideal für das Arbeiten mit transparenten Hintergründen ist. Die Dateien sind allerdings größer als beim .jpg-Format.

BILD EXPORTIEREN

FRESCO

PROCREATE

EXPORTIEREN

Um dein Werk zu exportieren, tippst du in Procreate auf das Werkzeugschlüssel-Symbol in der oberen Menüleiste, tippst dann auf „Teilen" und wählst das gewünschte Format. Nach der Auswahl des Dateiformats öffnet sich ein Menü mit Optionen zum Speichern oder Teilen des Bildes.

Um in Adobe Fresco ein Bild zu exportieren, tippe auf das Freigabe-Symbol in der rechten oberen Ecke der Benutzeroberfläche. Es öffnet sich ein Menü mit verschiedenen Exportoptionen. Wähle „Veröffentlichen und exportieren", um verschiedene Dateiformate wie PNG, JPG, PSD oder PDF zu sehen.

Du kannst das Bild direkt in deiner Fotomediathek oder in deinen Dateien speichern, es per E-Mail oder Messenger-App senden oder auf verschiedenen Social-Media-Plattformen teilen.

TIPP

Der Name, den du deiner Illustration gibst, bestimmt auch den Dateinamen deines exportierten Bildes. Mache es dir am besten zur Angewohnheit, deine Werke sinnvoll zu benennen. Das kann dir das Auffinden deiner Bilder später enorm erleichtern.

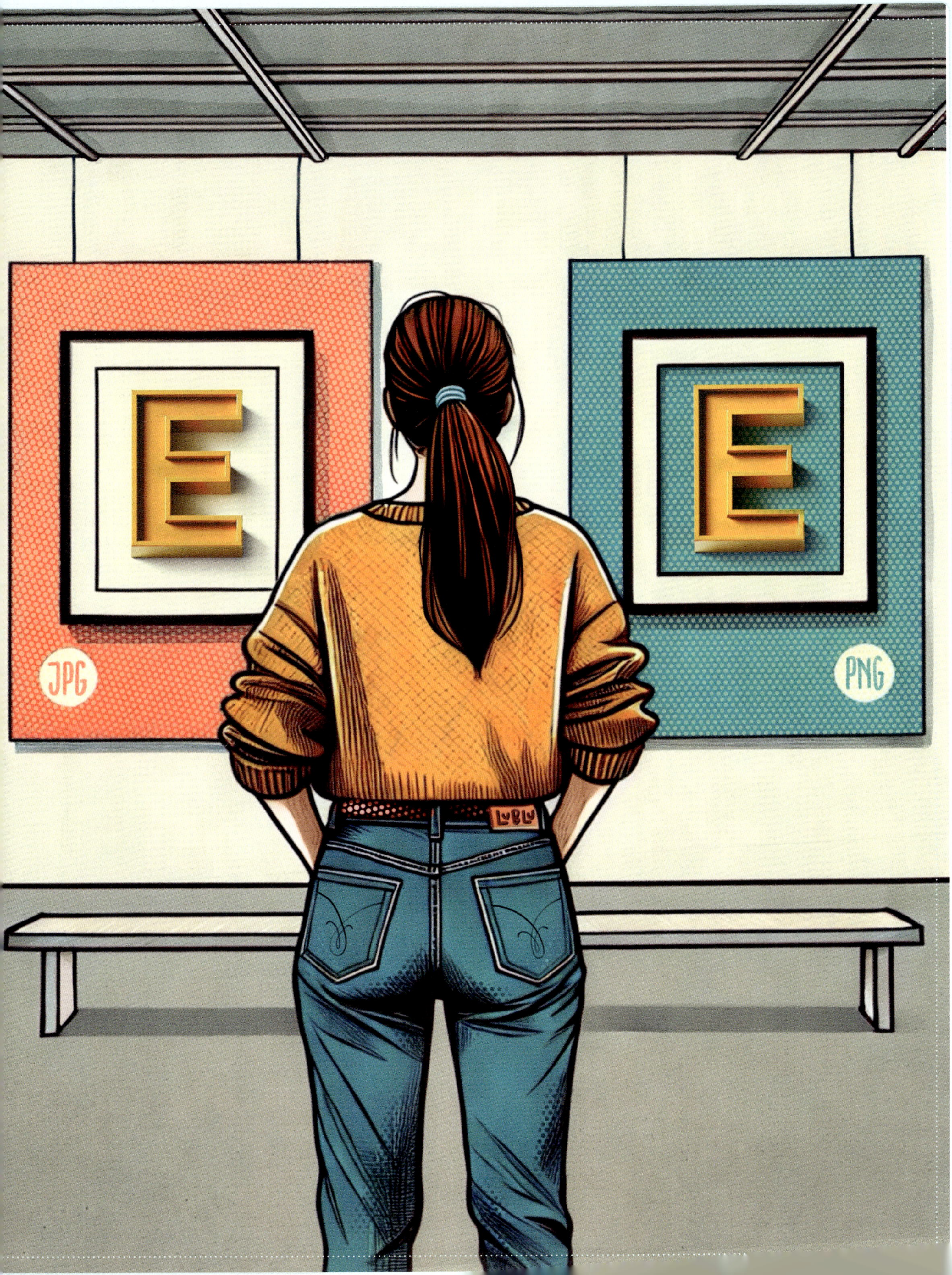
E
E
JPG
PNG
LuBLu

PROJEKT 1:
DIGITAL HANDGEMALT

Dieses Projekt macht dich mit den wichtigsten Funktionen deiner Zeichenapp vertraut. Du eignest dir Basiswissen über Ebenen und Werkzeuge an, lernst Bearbeitungsmethoden wie Verschieben und Skalieren kennen und übst dich im Zeichnen.

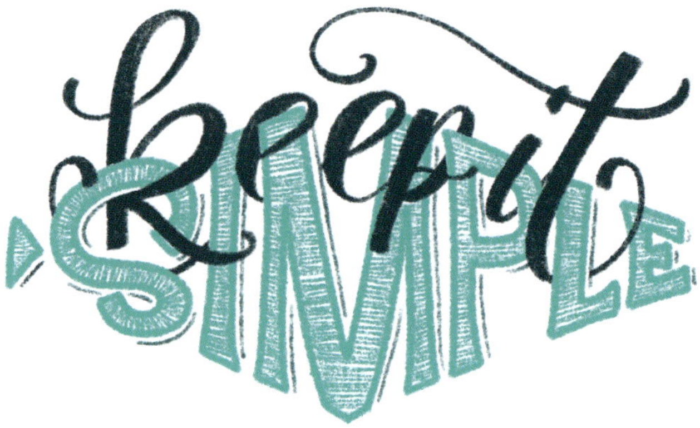

Wie du eine neue Datei erstellst, speicherst und exportierst, habe ich dir bereits auf Seite 18 ff. erklärt. Daher lasse ich jetzt und auch in den folgenden Projekten diese Schritte aus.

DIE HILFSEBENE

In vielen Projekten wirst du eine oder mehrere Ebenen erstellen, die dir beim Lettern helfen, aber im Endresultat gar nicht zu sehen sein werden. Unsere erste Hilfsebene wird ausnahmsweise keine Hilfslinien, sondern bereits das ganze Lettering enthalten.

Ja, richtig gelesen! Denn zur Einstimmung möchte ich, dass du den Kopf frei hast, um kreativ zu sein und dich nicht allzu sehr auf die Buchstaben selbst konzentrieren musst.

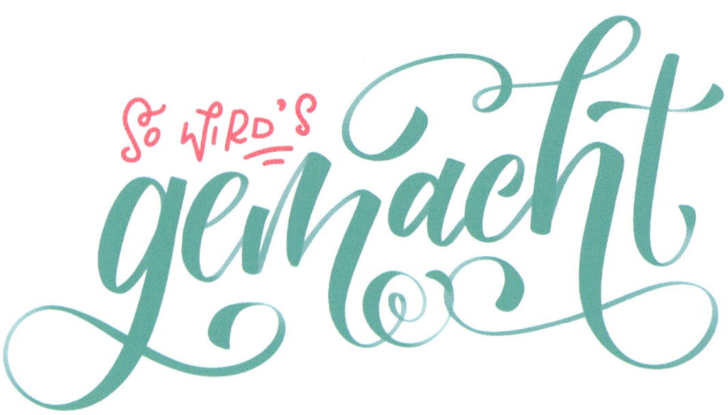

SCHRITT 1:
TEXT HINZUFÜGEN

Tippe auf Hinzufügen → Text (Procreate) oder auf das Textwerkzeug (Fresco) und tippe das Wort „DIGITAL" ein. Wähle eine einfache Schriftart wie Arial oder Helvetica und verwende ausschließlich Großbuchstaben. Die Buchstaben sollten etwa ein Drittel der Breite deiner Zeichenfläche einnehmen. Passe die Größe bei den Texteigenschaften an.

Deine erste Hilfsebene ist fertig! Nun erstellen wir noch eine zweite. Finde das Ebenenmenü – das Symbol dazu sieht in den meisten Apps aus wie zwei übereinanderliegende Quadrate (siehe Seite 16 f.). Öffne das Menü und schaue dir die Ebenen an. Deine Textebene wurde automatisch erstellt: Text bekommt immer eine separate Ebene, damit du ihn bearbeiten kannst. Solange du ihn nicht rasterst oder mit weiteren Ebenen zu einer einzigen verschmelzen lässt, kannst du die Buchstaben samt ihrer Formatierung immer verändern.

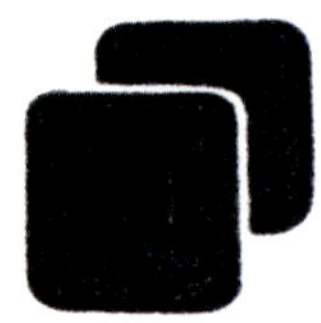

Wähle für unsere zweite Hilfsebene also einfach noch einmal das Textwerkzeug. Tippe diesmal „handgemacht" ein und suche eine Schreibschrift aus.

TIPP

Unterhalb deiner Textebenen befindet sich die Hintergrundebene. Du kannst sie nach Wunsch anders einfärben oder ausblenden. Wenn du ein Bild ohne Hintergrund exportieren (speichern) möchtest, nutze das Format PNG oder TIFF.

SCHRITT 2: EBENEN POSITIONIEREN

Wahrscheinlich liegen die beiden Schriftzüge jetzt unleserlich übereinander. Keine Sorge, du kannst die einzelnen Ebenen im Ebenenmenü durch Tippen auswählen und dann verschieben oder skalieren.

Tippe auf das Bearbeiten-Werkzeug in der Menüleiste. Es sieht aus wie ein kleiner Pfeil.

Das Bearbeiten-Werkzeug bei Procreate

Das Bearbeiten-Werkzeug bei Fresco

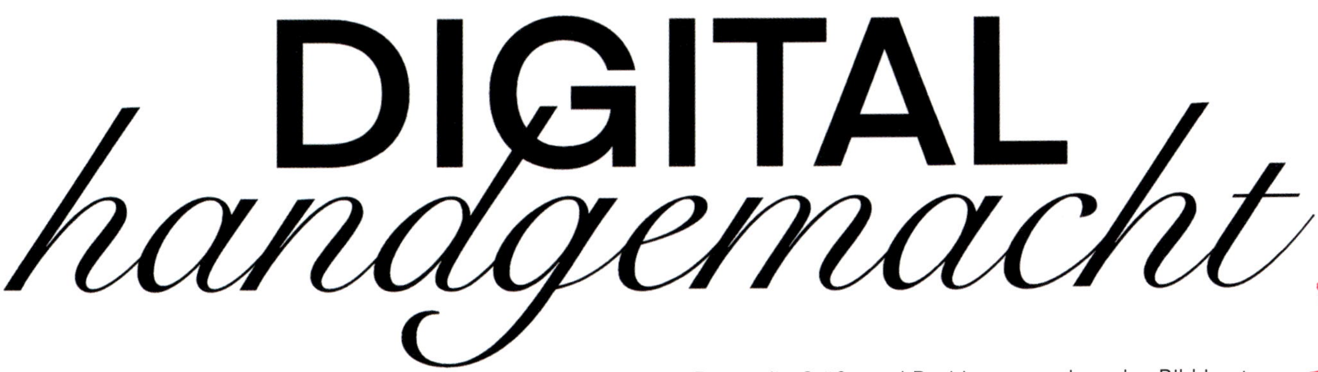

Passe die Größe und Position an, sodass das Bild in etwa aussieht wie hier im Beispiel. Durch die intuitive Bedienung deiner App solltest du keine Schwierigkeiten haben, durch einfaches Tippen und Ziehen des Textes beziehungsweise der kleinen Anfasser am Textrahmen das gewünschte Ergebnis zu erzielen. Über die Anfasser an den Ecken und Seiten kannst du die Größe verändern. Die übrigen Anfasser ermöglichen dir das Drehen deiner Auswahl.

TIPP

Versuche gern auch, die Schriftart nachträglich zu verändern. Spiele mit unterschiedlichen Schriftarten, -größen und Buchstabenabständen, um dich mit den Werkzeugen vertraut zu machen. Indem du die einzelnen Regler verschiebst, erschließt sich nicht nur deren Funktion, sondern du wirst sie auch leichter finden, wenn du sie später mal brauchst.

TEXT BEARBEITEN

FRESCO

PROCREATE

SCHRITT 3: EBENEN ZUSAMMENFÜHREN

Ich möchte dir bei diesem optionalen Schritt zeigen, was der Unterschied zwischen einer Text- und einer Pixelebene ist. Außerdem lernst du, wie man Ebenen zusammenführt.

Öffne erneut das Ebenenmenü und wähle die obere Textebene. Eventuell musst du zweimal drauftippen. Tippe hier auf „Abwärts zusammenfügen". Die Textebenen werden nun zu einer einzigen Pixelebene gerastert. Ab jetzt kannst du den Text als solchen nicht mehr bearbeiten, sprich, mit dem Textwerkzeug seine Eigenschaften verändern. Das ist ein Nachteil, aber alles, was du nun mit dem Schriftzug machst – zum Beispiel einfärben oder skalieren –, brauchst du nur einmal zu tun, anstatt es auf jeder einzelnen Textebene zu wiederholen. Außerdem kannst du nur auf Pixelebenen malen, nicht aber direkt auf Textebenen.

TIPP

Da Procreate eine berührungsbasierte Anwendung ist, kannst du viele Aktionen mit Gesten steuern. So geht beispielsweise das Zusammenführen von Ebenen in Procreate noch schneller, wenn du die Ebenen im Ebenenmenü mit zwei Fingern zueinanderziehst. Es gibt noch mehr Gesten, die es sich wirklich zu lernen lohnen. Schaue dir dazu am besten mein Video an!

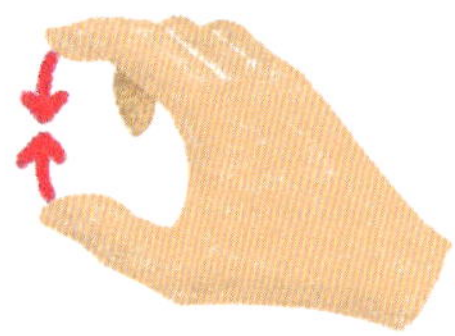

ZUSAMMENFÜHREN

Fresco bietet leider keine Gestensteuerung an, aber über das Icon mit den drei Punkten, mit dem du zu den Ebenenaktionen gelangst, kannst du zunächst mehrere Ebenen auswählen und anschließend auf „Ausgewählte reduzieren" tippen.

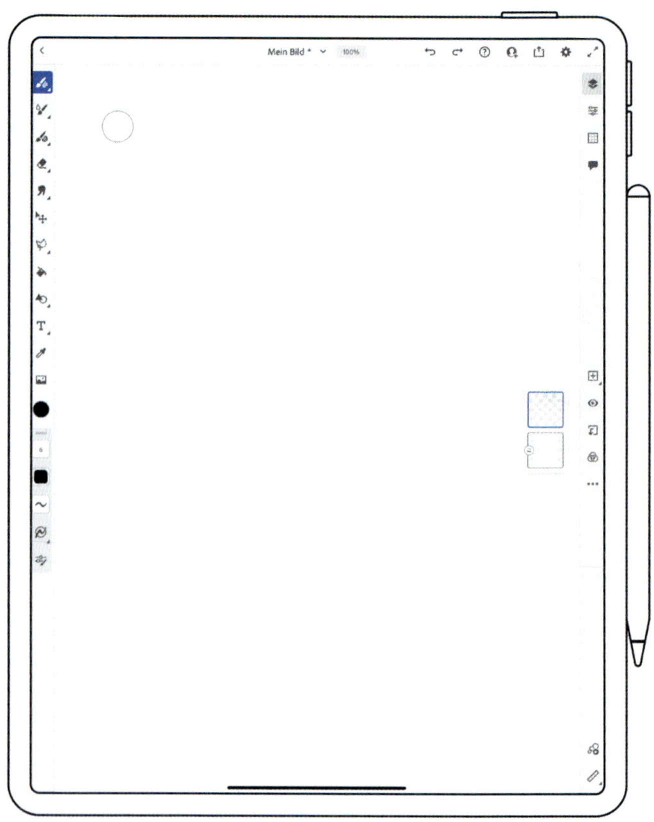

GESTEN

FRESCO

PROCREATE

SCHRITT 4: EBENENDECKKRAFT ÄNDERN

Dein Schriftzug soll nur eine Hilfestellung sein, nicht das fertige Lettering. Ändere daher die Ebenendeckkraft auf etwa 30 %, damit du deine eigene Zeichnung später gut sehen kannst. Du kannst die Deckkraft ebenso wie alle anderen Ebeneneinstellungen jederzeit wieder verändern, es geht also nichts verloren.

In Procreate änderst du die Deckkraft, indem du im Ebenenmenü auf das „N“ rechts neben dem Ebenennamen tippst. Direkt unterhalb der betreffenden Ebene erscheint ein Regler, den du so lange nach links schiebst, bis rechts die Angabe 30 % erscheint.

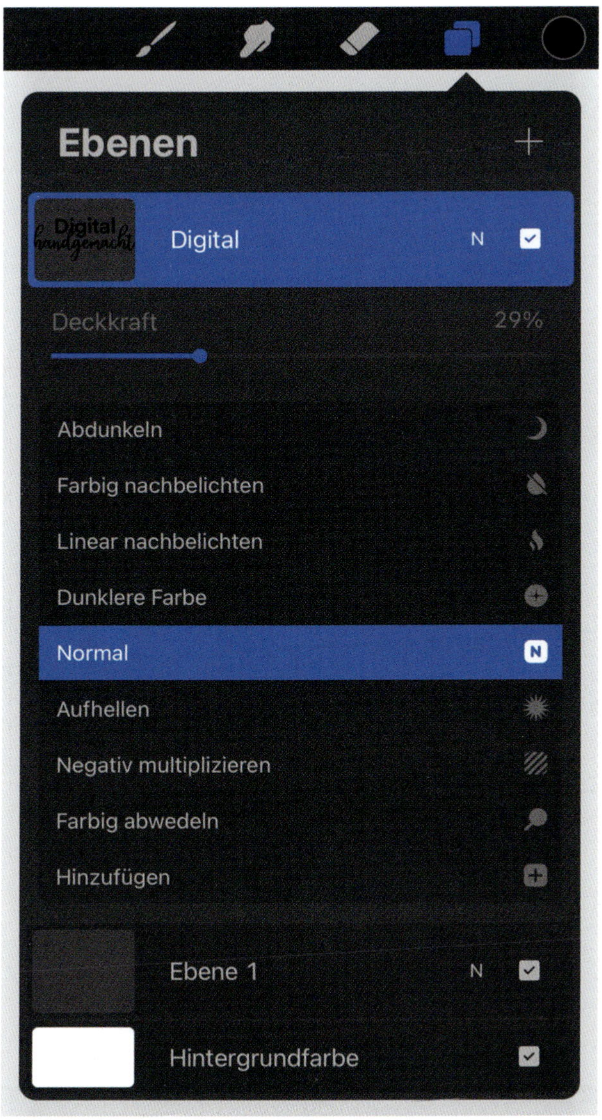

In Fresco findest du die Ebenendeckkraft unter den Ebeneneigenschaften. Schiebe den Regler nach links, bis du bei etwa 30 % bist. Die vorher schwarzen Buchstaben sollten nun hellgrau erscheinen.

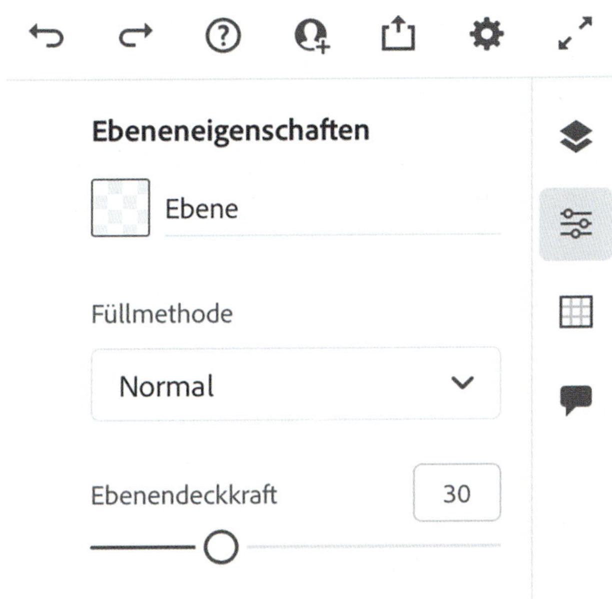

EBENEN-MISCHMODI

FRESCO

PROCREATE

DEIN DIGITALES LETTERING

SCHRITT 1: EINEN PINSEL AUSWÄHLEN

Wir brauchen nun eine neue Ebene – erstelle dazu im Ebenenmenü mittels des Pluszeichens eine neue, leere Ebene. Warum eine neue Ebene? Ganz einfach – du solltest keinesfalls direkt auf der Ursprungsebene mit dem Hilfstext arbeiten, denn sonst müsstest du dir später die Mühe machen, die Hilfslinien wegzuradieren. Stattdessen blendest du die Ebenen, die nur der Orientierung dienen, später einfach aus.

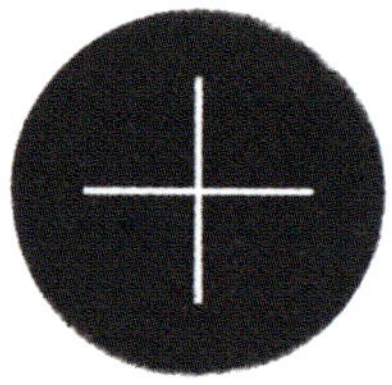

Wähle jetzt einen Pinsel, der dir gefällt. Dazu musst du zuerst das Pinsel-Icon finden. Durchstöbere dann die Kategorien, probiere die verschiedenen Pinsel aus und teste am besten auch verschiedene Größen. Die Regler zum Einstellen der Größe und Deckkraft findest du am linken Bildschirmrand.

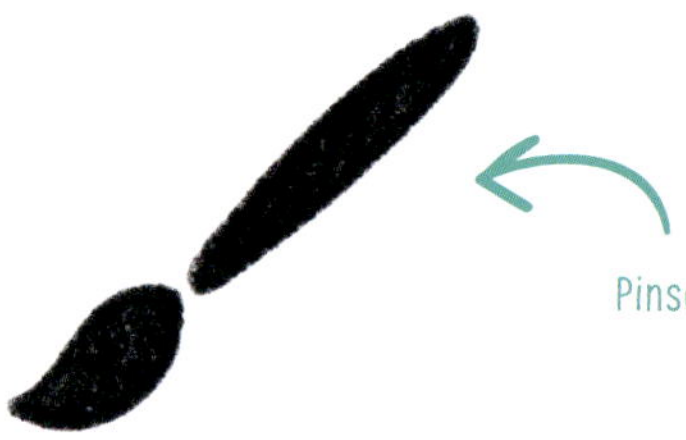

Pinsel-Icon

Hast du einen Pinsel gefunden, der dir zusagt? Ich verwende bei diesem Projekt den 6B-Stift aus der Kategorie Skizze in Procreate. In Fresco gibt es eine ähnliche Kategorie namens „Skizzieren“, die schöne Buntstifte und Graphit enthält.

6B STIFT

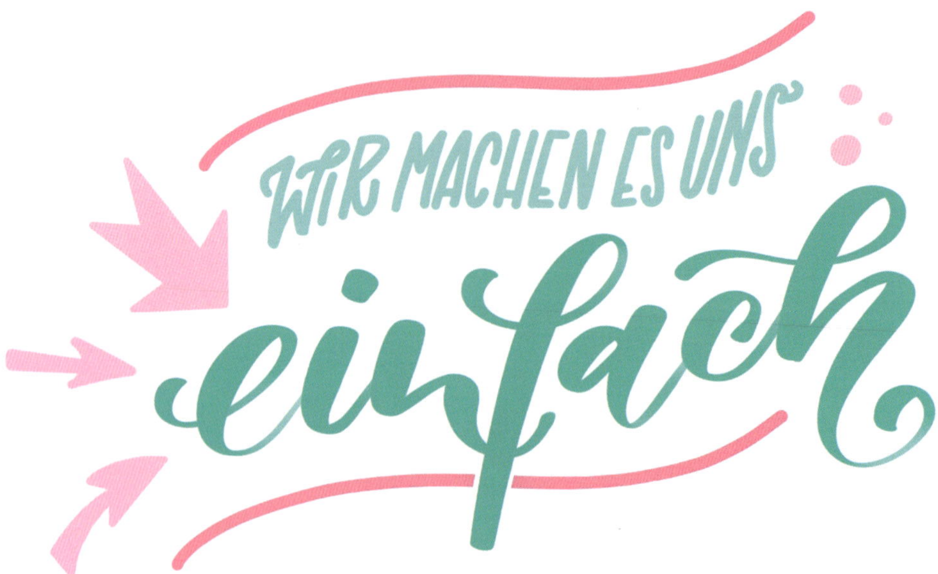

PINSEL

FRESCO

PROCREATE

SCHRITT 2: WORT NACHSPUREN

Wähle eine andere Farbe als Schwarz und zeichne auf deiner **neuen Ebene** das Wort „DIGITAL“ nach. Es muss keineswegs exakt sein – im Gegenteil. Wenn du Ideen hast, wie du Linien verlängern, verbiegen oder anderweitig verändern kannst, mach das ruhig. Versuche, die Strichdicke an die Buchstabenstriche deiner Hilfsebene anzupassen.

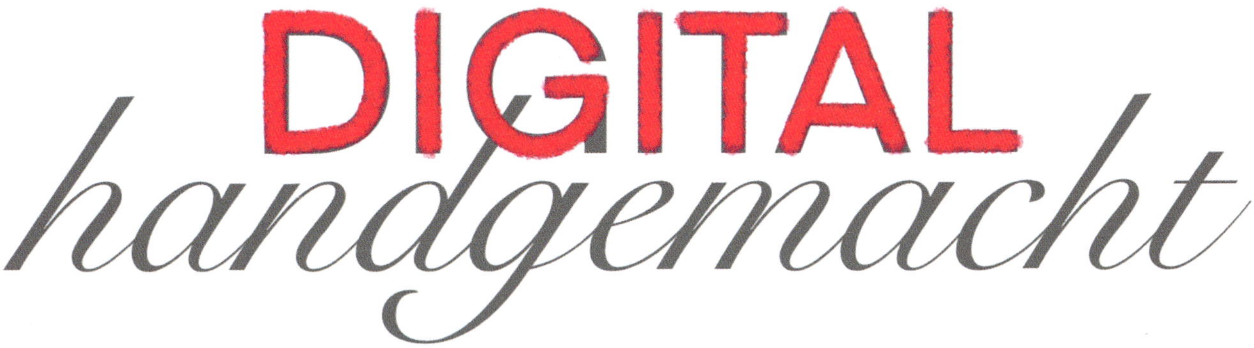

Falls dir die Buchstaben zu klein zum Malen erscheinen, zoome hinein: einfach Daumen und Zeigefinger auf die Zeichenfläche legen und aufziehen. Diese Geste kennst du sicher von deinem Smartphone. Verkleinern funktioniert übrigens genau umgekehrt, indem du mit gespreizten Fingern eine zusammenziehende Bewegung machst.

HINEINZOOMEN HERAUSZOOMEN

GESTEN

FRESCO

PROCREATE

SCHRITT 3: SCHRIFTZUG NACHSPUREN

Male jetzt, gern in Schwarz, das Wort „handgemacht“ auf einer **neuen Ebene** nach. Zeichne einen Strich nach dem anderen. Du kannst den Stift am Ende jeder Linie absetzen.

In meinem Beispiel sind die Buchstaben nicht überall gleich dick. Statt mehrere Striche zu malen, habe ich hier die Druckempfindlichkeit meines Stiftes genutzt. Dort, wo die Linien dicker werden sollen, drücke ich mit dem Eingabestift fester auf. Mit abnehmendem Druck wird die Linie dünner – auf diese Art kannst du die unterschiedlichen Strichstärken ohne Mehraufwand bewerkstelligen.

Die Schwierigkeit besteht darin, den Stiftdruck so zu kontrollieren, dass er in etwa deiner Schriftvorlage entspricht. Mit etwas Übung wird das bald zum Kinderspiel!

KLEINER ZWISCHENDURCH-EXKURS

PINSELDRUCK EINSTELLEN

Ob die Druckempfindlichkeit eingestellt ist, siehst du einerseits an der Pinselvorschau. Wird der Strich zum Anfang und Ende hin dünner, ist dies ein verlässlicher Hinweis auf eine eingestellte Druckempfindlichkeit. Andererseits kannst du es durch Ausprobieren einfach herausfinden: Male eine lange Linie oder Schlaufen und drücke dabei unterschiedlich fest auf. Verändert sich die Dicke des Strichs, ist die Druckempfindlichkeit eingestellt.

OHNE DRUCKEMPFINDLICHKEIT

MIT DRUCKEMPFINDLICHKEIT

DIGITAL *handgemacht*

Selbst wenn die Druckempfindlichkeit bei deinem gewählten Pinsel bereits eingestellt ist, kann es nicht schaden, sich mit den Einstellungsmöglichkeiten deines Pinsels vertraut zu machen. Öffne die Pinseleinstellungen – in Procreate tippst du dazu ein weiteres Mal auf den ausgewählten Pinsel, in Fresco ist es ein separates Icon mit Pinsel und kleinen Reglern.

Sollte dir ein Strich nicht gefallen, kannst du ihn rückgängig machen, indem du mit zwei Fingern auf dein Display tippst. Für kleinere Korrekturen kannst du den Radiergummi verwenden. Ich empfehle, zum Zeichnen und Radieren möglichst den gleichen Pinsel zu verwenden.

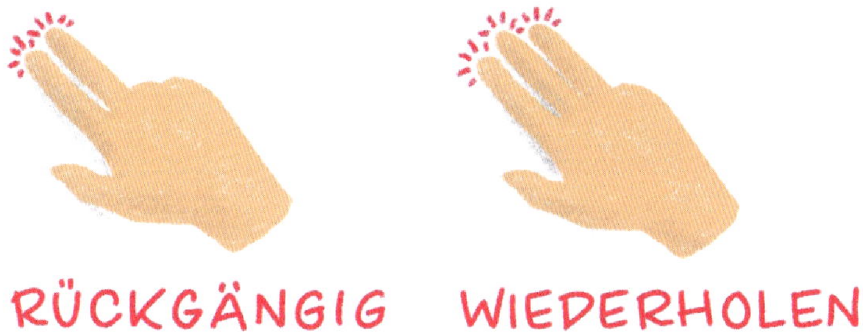

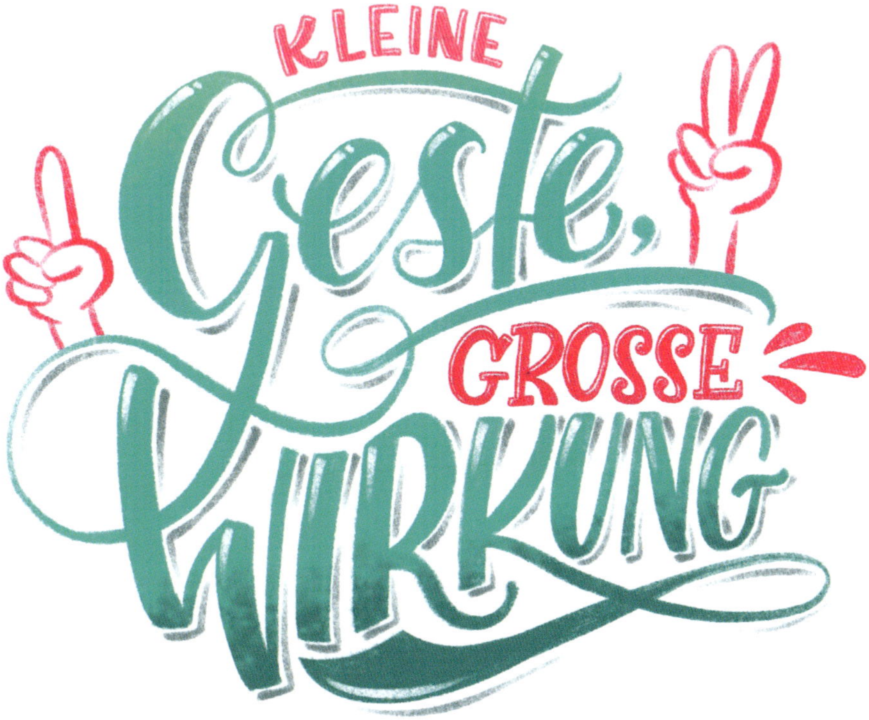

Spiele mit den Einstellungen und probiere den Pinsel immer wieder aus, wenn du etwas veränderst. Keine Sorge, du kannst die Pinseleinstellungen jederzeit zurücksetzen. In meinem Video zeige ich dir das Wichtigste zum Pinseldruck.

PINSEL

FRESCO PROCREATE

GESTEN

FRESCO PROCREATE

SCHRITT 4:
DETAILS HINZUFÜGEN

Wie du siehst, habe ich in diesem Beispiel unsere „Hilfslinien", also den vorgefertigten Schriftzug, sehr frei interpretiert. Beginne ruhig ganz einfach, es ist zuerst wie abpausen. Dann fügst du nach und nach Details hinzu: Schnörkel, Umrandungen, Schatten, Sterne, Herzen – was immer dir einfällt.

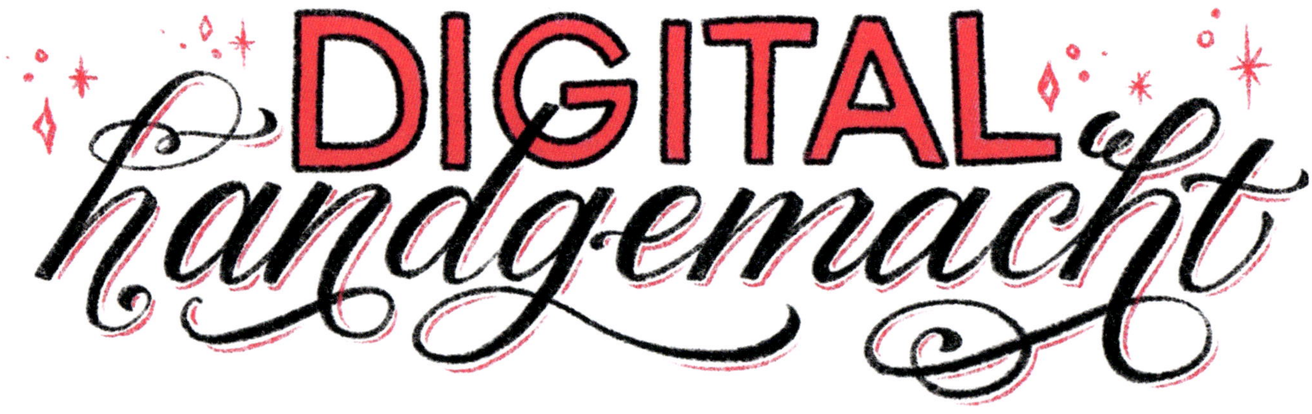

! Achte darauf, für jedes Experiment eine neue Ebene anzulegen. Falls dir die Kombination nicht gefällt, kannst du sie im Ebenenmenü einfach ausblenden, löschen oder die Deckkraft verringern.

Lass dein Lettering auf diese Weise spielerisch Schritt für Schritt entstehen. Du musst nicht vorher schon wissen, wie es werden soll. Und das Schöne ist: Deine Zeichenapp verzeiht dir beim Lettern fast alles, schließlich kannst du deine Schritte rückgängig machen, radieren oder ganze Ebenen löschen.

EBENEN

FRESCO PROCREATE

SCHRITT 5: HILFSEBENE VERSTECKEN

Blende deine Hilfsebene aus, damit sie im Bild nicht mehr zu sehen ist. Tippe dazu in Procreate auf das Häkchen der jeweiligen Ebene im Ebenenmenü. In Fresco tippst du die ausgewählte Ebene erneut an und suchst das Auge-Symbol, um die Ebene zu verstecken.

Selbstverständlich kannst du ausgeblendete Ebenen jederzeit wieder einblenden.

Jetzt kannst du dein Lettering speichern, teilen oder ausdrucken!

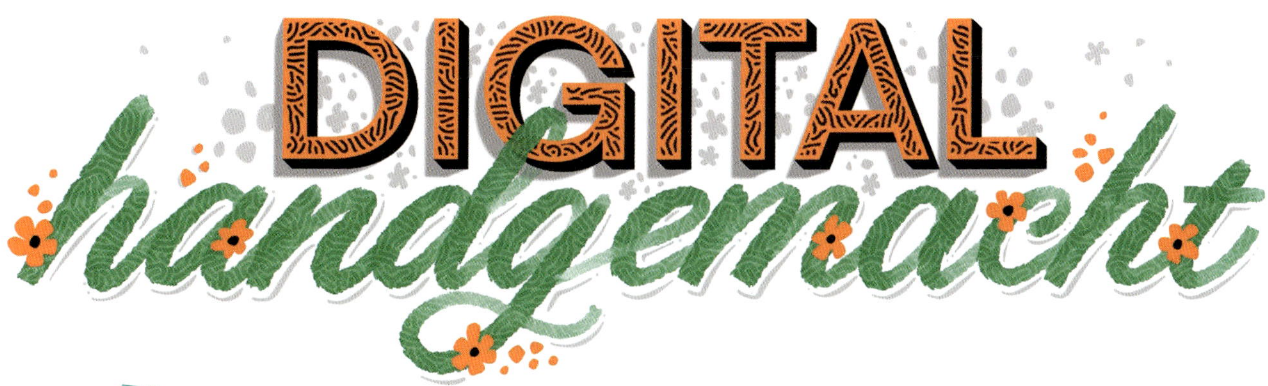

Die gleiche Vorlage, anders umgesetzt. Jedes Lettering ist ein Unikat!

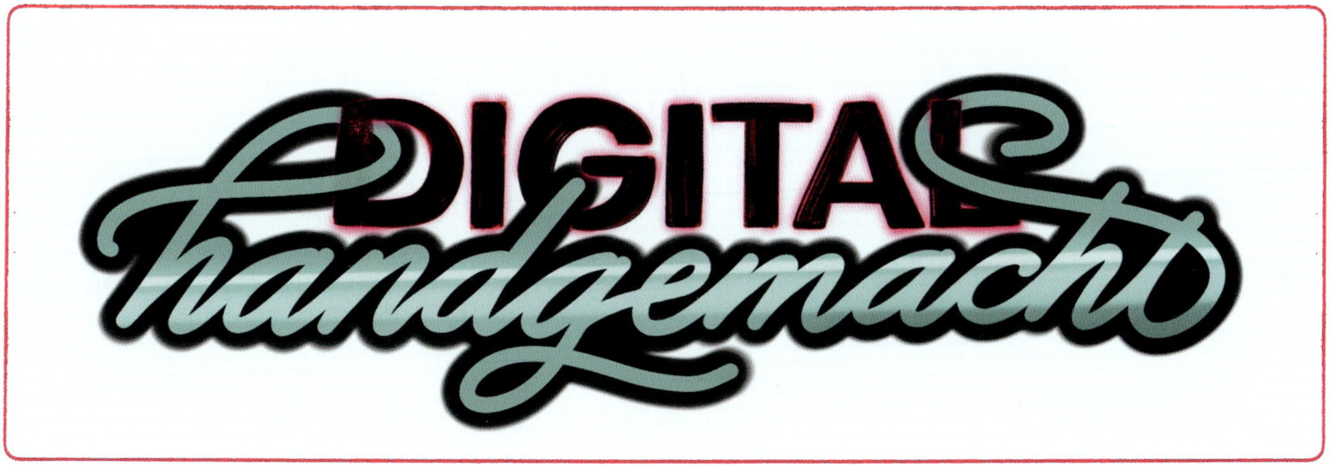

DEIN DIGITALES ÜBUNGSPAKET

ÜBUNGSDATEIEN IN DIE ZEICHENAPP IMPORTIEREN

Je öfter du vorgegebene Schriftzeichen mit deinem Pinselwerkzeug nachspurst, desto sicherer und schöner wirst du eigene Buchstaben malen. Im Prinzip könntest du auch ganze Alphabete als Textebene einfügen und zum Üben nutzen.

Da dies mit der Zeit vielleicht etwas eintönig wird, habe ich etwas anderes für dich vorbereitet: digitale Übungsblätter, auf denen du Schriftzeichen und Sprüche in verschiedenen Stilen nachspuren kannst. Die Übungsblätter zu den Monoline-Schriften findest du im ZIP-Ordner in der Digibib.

DIGITALE ÜBUNGSBLÄTTER
Download_1.psd

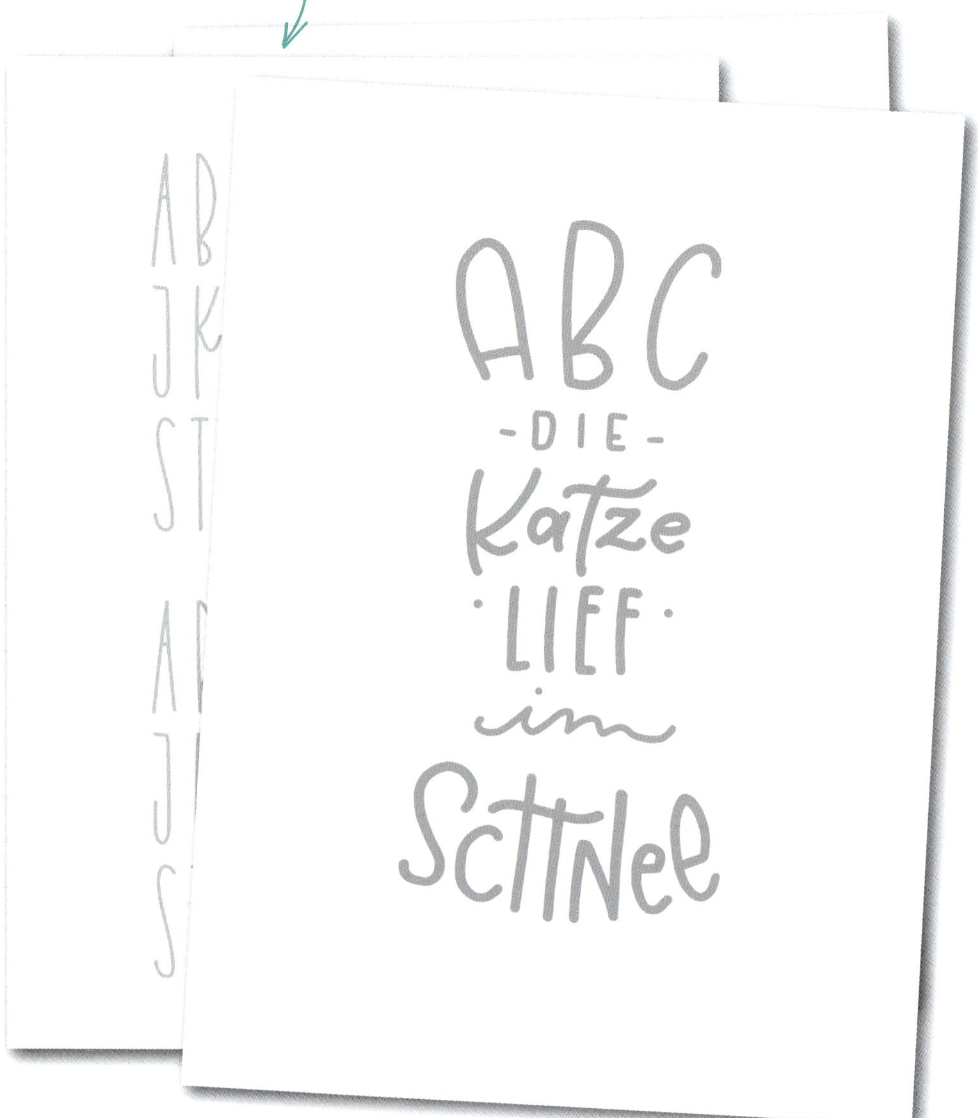

! Wenn du es noch nicht gemacht hast, lade den ZIP-Ordner aus der Digibib auf dein Tablet herunter (siehe Seite 6f.).

Nachdem du die Dateien auf deinem Tablet heruntergeladen hast, importierst du sie in deine Zeichenapp und kannst direkt mit dem Üben beginnen. Die Importfunktion findest du direkt nach dem Start in der Galerieansicht. Solltest du also gerade ein Projekt offen haben, schließe es und kehre zur Galerie zurück.

Die Projekte enthalten jeweils mehrere Ebenen mit Vorlagen zum Üben. Du kennst das Prozedere mit den Hilfsebenen ja bereits von unserem ersten Projekt (s. Seite 22 ff.). Zeichne stets auf einer neuen, leeren Ebene, damit du deine Übungen nach Lust und Laune wiederholen kannst. Welchen Pinsel du zum Nachspuren benutzt, bleibt dir überlassen, denke aber daran, dass Schriften mit unterschiedlichen Strichstärken am einfachsten mit einem Pinsel mit Druckempfindlichkeit nachgeahmt werden können.

Sobald du mit einer Ebene fertig bist, blendest du sie mit Hilfe des Häkchens neben der Ebene im Ebenenmenü (Procreate) oder dem Auge-Symbol am Bildschirmrand (Fresco) aus. Dann legst du eine neue, leere Ebene zum Zeichnen an und fährst mit der nächsten Übung fort. Dazu blendest du einfach die bereits bearbeitete Ebene aus – die darunterliegende Ebene erscheint als nächste Übungsaufgabe.

MONOLINE-SCHRIFTEN DIGITAL ERSTELLEN

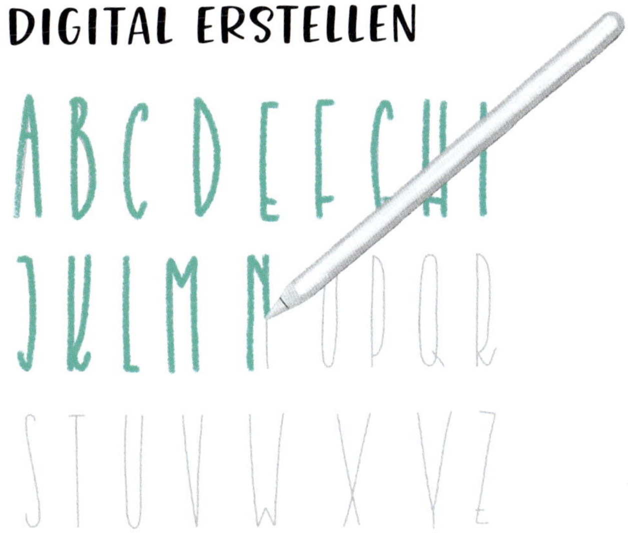

Im ersten Übungspaket geht es um Schriften, die du analog auch mit einem Fineliner schnell nachzeichnen könntest. Nutze den Pinsel Monoline aus der Kategorie Kalligrafie oder einen anderen Pinsel ohne Drucksensitivität. Versuche, die Pinselgröße in etwa so einzustellen, dass sie der Vorlage entspricht.

Du kannst hier schnell ein paar neue Schriftarten ausprobieren, entspannt in einen Flow kommen – oder die Übungen einfach überspringen, wenn du bereits gut mit deinem Eingabestift und der Zeichenapp umgehen kannst. Im nächsten Kapitel zeige ich dir dann, wie du ganz ohne Vorlage eigene Schriften malen kannst.

DIGITALE ÜBUNGSBLÄTTER

FRESCO | PROCREATE

LETTERING BASICS

Auf den folgenden Seiten stelle ich dir anhand praktischer Übungen die Grundlagen der Schriftgestaltung vor. Erfahre, wie du Formen und Linienführung variieren kannst, um so deinen eigenen Schriftstil zu kreieren und welche kreativen Akzente möglich sind.

SERIFEN

Wenn du mit einem Fineliner auf kariertem Papier ein ABC wie in der Grundschule malst, dann hat deine Schriftart zwei Eigenschaften: Sie ist serifenlos und hat eine konstante Strichstärke. Es ist eine sogenannte Monoline-Schrift. Malst du aber noch kleine Abschlüsse an die Strichenden deiner Buchstaben, hast du ruckzuck eine Serifenschrift!

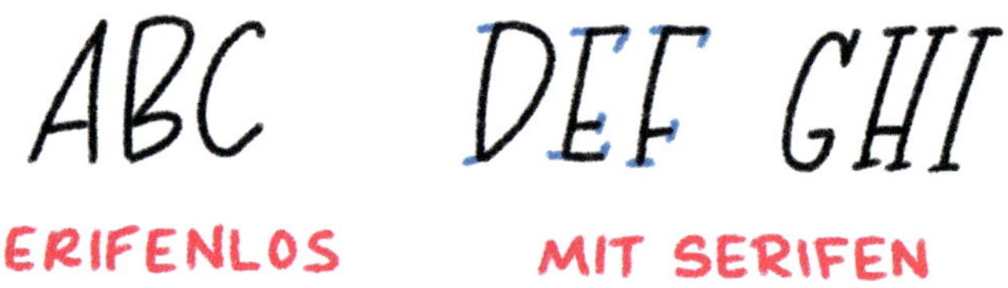

Falls du dich fragst, wo die Serifen überall hinkommen sollten, habe ich hier eine Übersicht für dich:

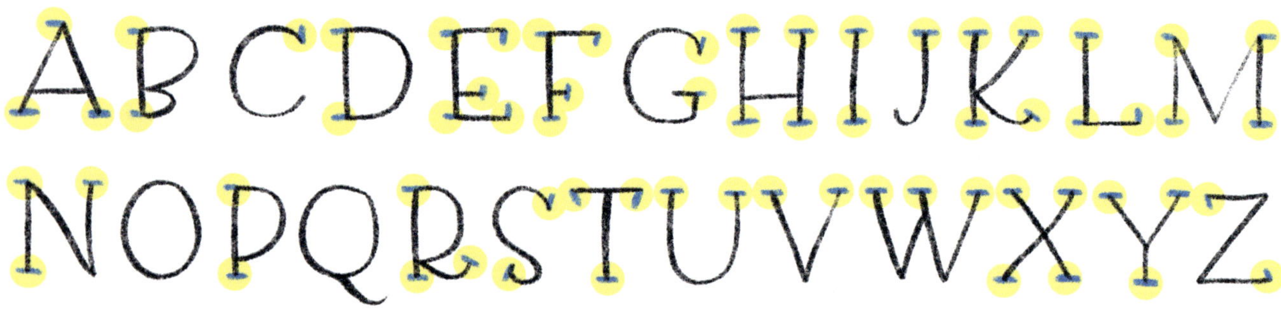

Serifen müssen aber nicht immer nur einfache Striche sein. Es gibt viele Möglichkeiten, deine Schrift mit besonderen Strichabschlüssen aufzupeppen. Hier einige Beispiele:

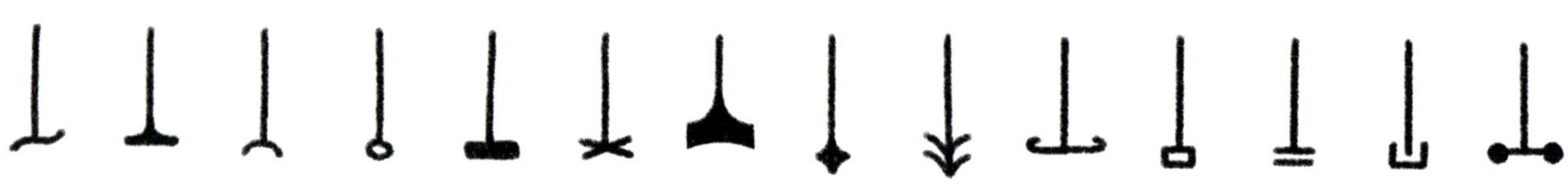

Suche dir am besten gleich die nachfolgende Datei aus deinem digitalen ZIP-Ordner aus und probiere es!

DIGITALE ÜBUNGSBLÄTTER
Download_2.psd

SCHRIFT VARIIEREN – DIE FORM

Durch das gezielte Variieren von Formen und Linienführung kannst du deiner Schrift eine persönliche Note verleihen und kreative Akzente setzen. Je nachdem, ob du die Schrift lang und schmal oder breit und rund gestaltest, erhält sie eine individuelle Wirkung. Auch die Position der Querstriche bei Buchstaben wie A, E, F und H beeinflusst deutlich das Erscheinungsbild deines Letterings. Es macht einen großen Unterschied, ob du die Querstriche besonders hoch oder extrem tief setzt.

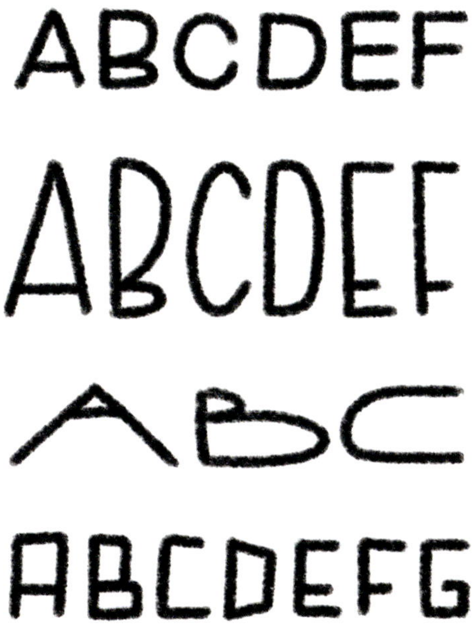

Runde Formen kannst du kreisförmig, oval oder sogar kantig gestalten, um deinem Schriftbild eine andere Optik zu verleihen. Auch die senkrechten Balken müssen nicht zwingend vertikal verlaufen – experimentiere mit verschiedenen Winkeln, um interessante Effekte zu erzielen.

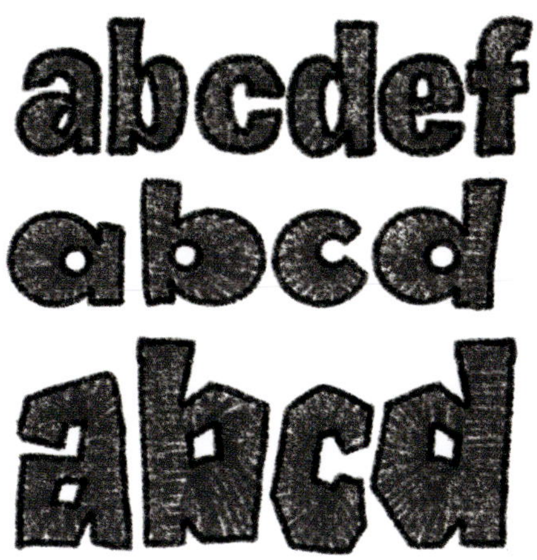

SCHRIFT VARIIEREN – DIE STRICHSTÄRKE

Natürlich spielt auch die Dicke der Buchstabenstriche eine sehr große Rolle bei der Optik. Je fetter der Text, desto mehr springt er ins Auge. Er gewinnt im wahrsten Sinne des Wortes an Gewicht: nicht nur optisch, sondern auch in seiner Bedeutung. Und da nicht jeder Strich gleich breit sein muss, ja nicht mal der Strich selbst eine konstante Breite aufweisen muss, ergeben sich durch das Variieren der Strichstärke unzählige Möglichkeiten.

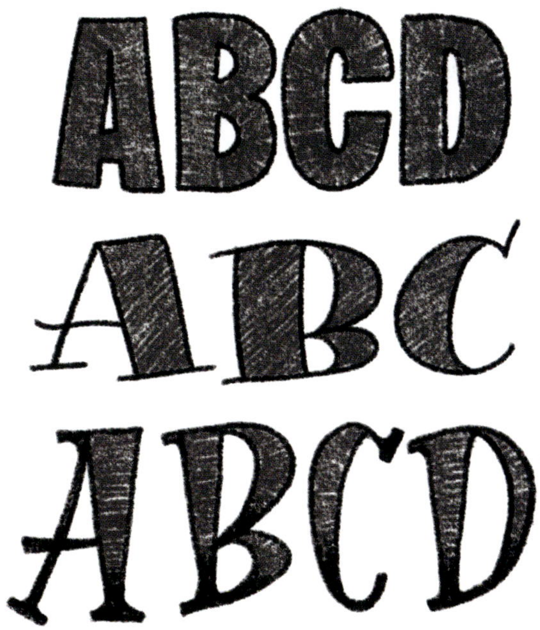

BUCHSTABENKONTRAST

Wie gerade angesprochen, verleihen unterschiedlich dicke Linien innerhalb eines Buchstabens diesem eine interessante Wirkung. Ein hoher Kontrast entsteht, wenn die Linienstärken stark voneinander abweichen.

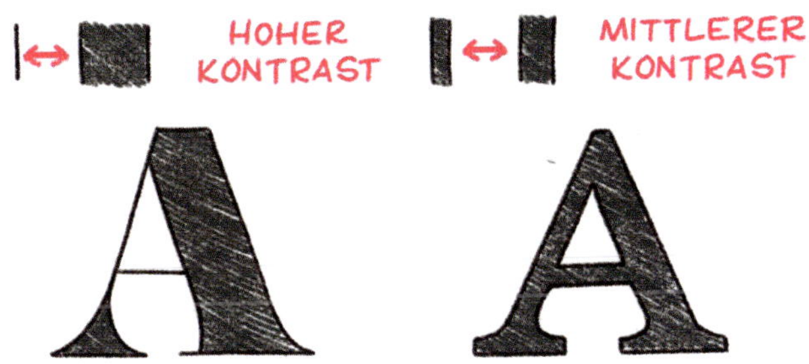

DAS GEHEIMNIS VON M, W UND N

Es ist wichtig, darauf zu achten, welche Linien du dick und welche dünn malst, um ein harmonisches Erscheinungsbild deines Letterings zu erzielen. Zum Beispiel sollten Querbalken wie beim A und H dünn sein, während der diagonal verlaufende Balken beim N dick sein sollte.

Beim Handlettering darfst du gern Regeln brechen, wenn es gut aussieht. Allerdings wirst du beim Betrachten von Buchstaben wie M, W und N feststellen, dass dein Auge so sehr an die bestehenden Prinzipien gewöhnt ist, dass „falsch“ gemalte, diagonal verlaufende Striche im Buchstaben seltsam wirken können.

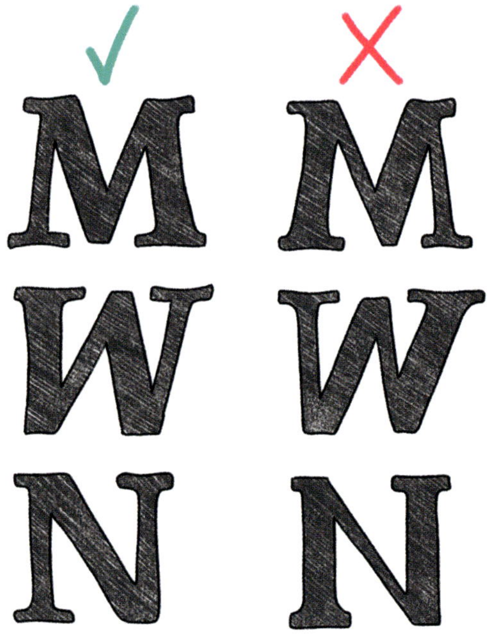

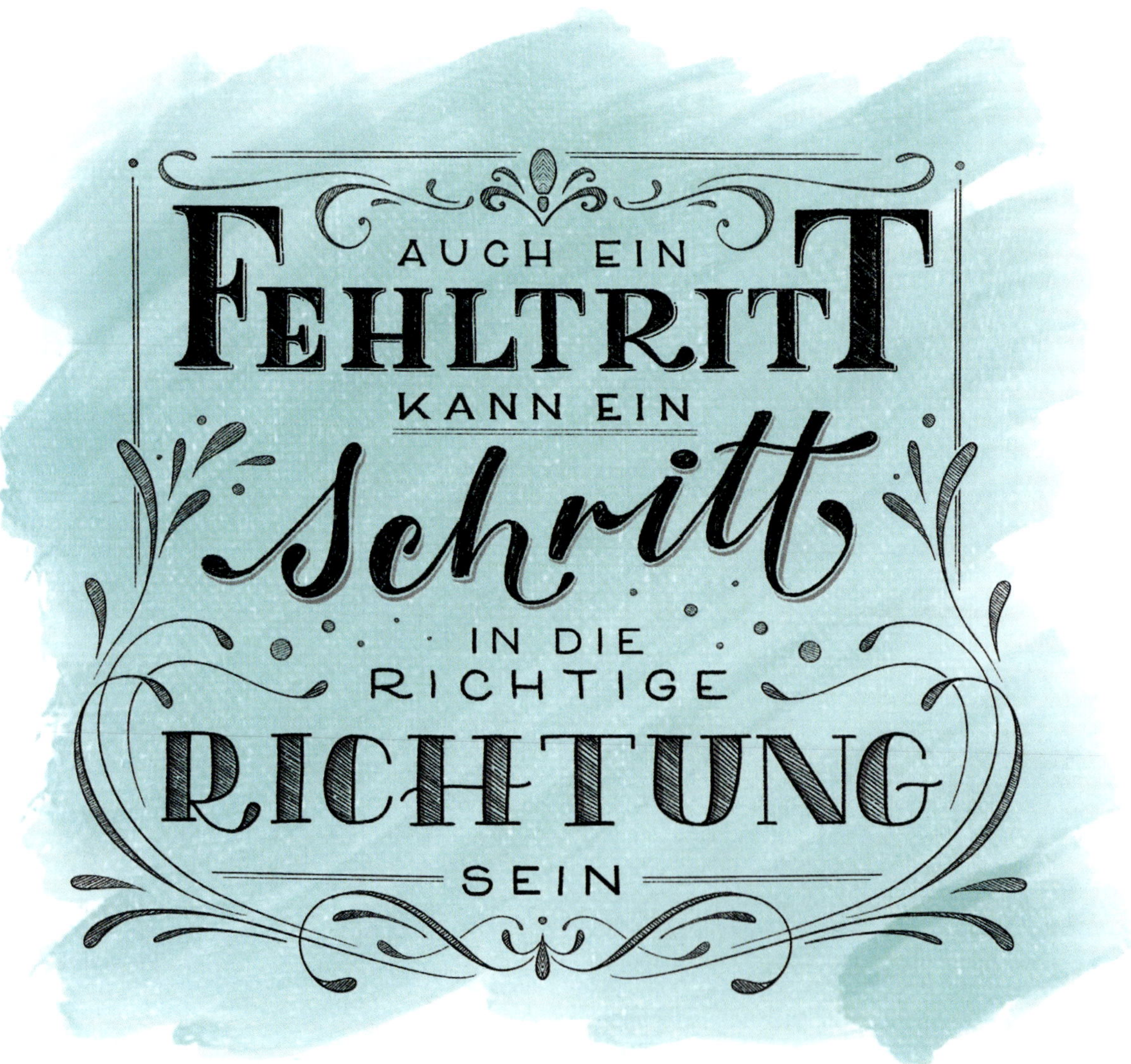

TIPP

Auch die Serifen können jetzt ganz neue Formen annehmen, da wir nicht mehr nur mit dünnen Strichen, sondern gewichtigen Buchstabenkörpern arbeiten!

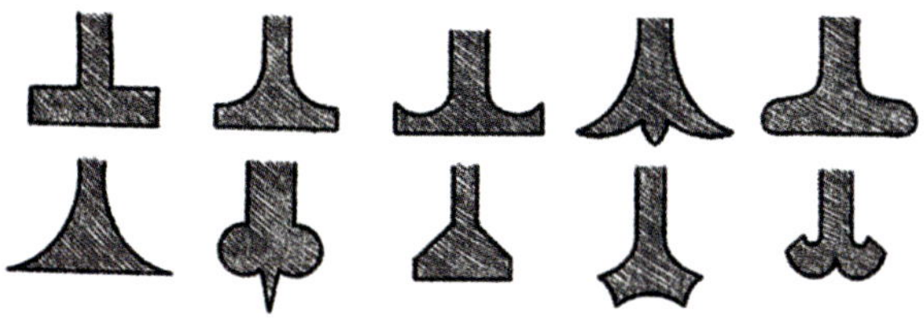

HIER SIND EIN PAAR KURZE SPRÜCHE FÜR DICH ZUR INSPIRATION:

- Mut tut gut
- Liebe das Leben
- Sei du selbst
- Lieb sein!
- Carpe diem
- Dream big
- Shine bright
- Just breathe
- Never give up

Am besten lernt man durchs Tun! Schnapp dir dein Tablet und probiere, die gezeigten Schriftarten nachzuahmen. Lettere deinen Namen, dein Lieblingswort oder verleihe deinem Kaffeedurst Ausdruck – Hauptsache, du nimmst die Herausforderung an, verschiedene Schrifttypen auszuprobieren!

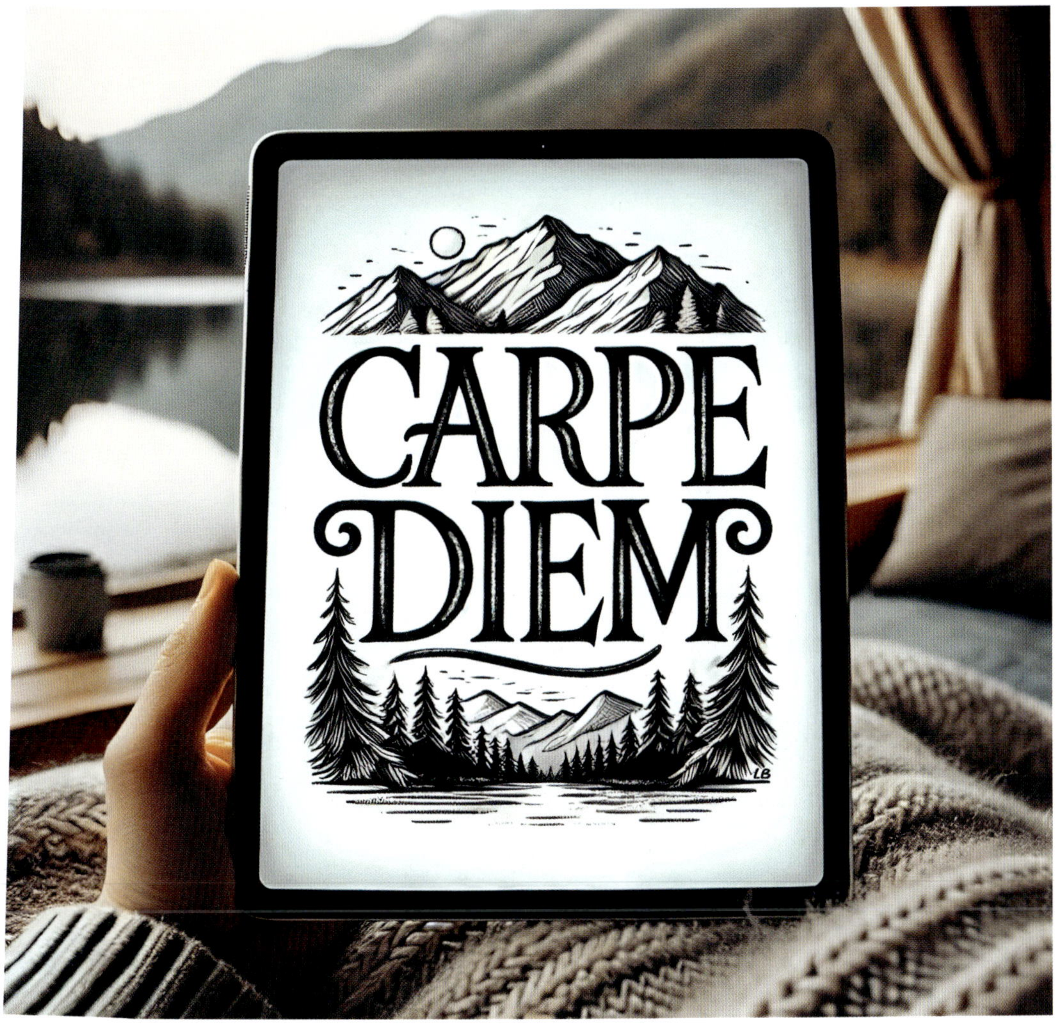

SCHRIFTARTEN KOMBINIEREN

Natürlich ist das Ziel eines Handletterings nicht nur, schöne Buchstaben in Reih und Glied zu setzen. Es geht vielmehr darum, eine Botschaft so zu gestalten, dass sie nicht nur interessant und ansprechend aussieht, sondern auch leicht zu lesen ist.

Eine gute Möglichkeit, um wichtige Textelemente hervorzuheben, besteht darin, die Buchstaben größer oder fetter zu machen, nur Großbuchstaben zu verwenden oder eine andere Farbe zu wählen. Bevor du jedoch mit dem eigentlichen Lettering beginnst, solltest du deine Gestaltung planen.

Entscheide dich zuerst für den Text, den du gestalten möchtest. Überlege dann, welche Wörter oder Satzteile für dich am wichtigsten sind und optisch hervorstechen sollen. Erst danach beginnst du damit, deine Ideen zu skizzieren.

TIPP

Markiere bei jedem Spruch – je nach Textlänge – zwei bis vier Worte, die für dich besonders bedeutsam sind. Es gibt dabei kein richtig oder falsch. Deine eigene Interpretation verleiht dem Lettering eine persönliche Note.

DIGITALE HINTERGRÜNDE

Schiefertafel.jpg
Schieferbrett.jpg
Schieferstifte.jpg
Schiefermodern.jpg

Möchtest du dich gleich einmal an einem Lettering mit verschiedenen Schriftarten und einem originellen Hintergrund versuchen? In deinem ZIP-Ordner findest du vier Hintergründe zum Ausprobieren.

Kombiniere beim Handlettering ruhig verschiedene Schriftarten, um einen interessanten Effekt zu erzielen. Eine beliebte Methode ist es, eine fließende, kursive Schreibschrift mit einer einfacheren, geradlinigen Schriftart zusammenzubringen. Auf diese Weise kannst du wichtige Worte oder Satzteile hervorheben und gleichzeitig für Ausgewogenheit im Design sorgen.

SO GELINGT DAS KOMBINIEREN:

- Verwende eine kursive Schreibschrift für die wichtigsten Worte und eine einfache, serifenlose Schrift für Füllwörter und weniger wichtige Worte.
- Experimentiere mit verschiedenen Größen und Gewichten der Schriftarten, um einen Kontrast zu erzeugen und bestimmte Worte hervorzuheben.
- Spiele mit der Anordnung der Wörter, um einen harmonischen Fluss im Design zu schaffen.

Denke daran, dass beim Handlettering die Kreativität keine Grenzen kennt. Erlaube dir, verschiedene Stile auszuprobieren und deinem eigenen Stil Ausdruck zu verleihen. Am wichtigsten ist es, Spaß dabei zu haben und deine Botschaft auf eine einzigartige und ansprechende Weise zu präsentieren.

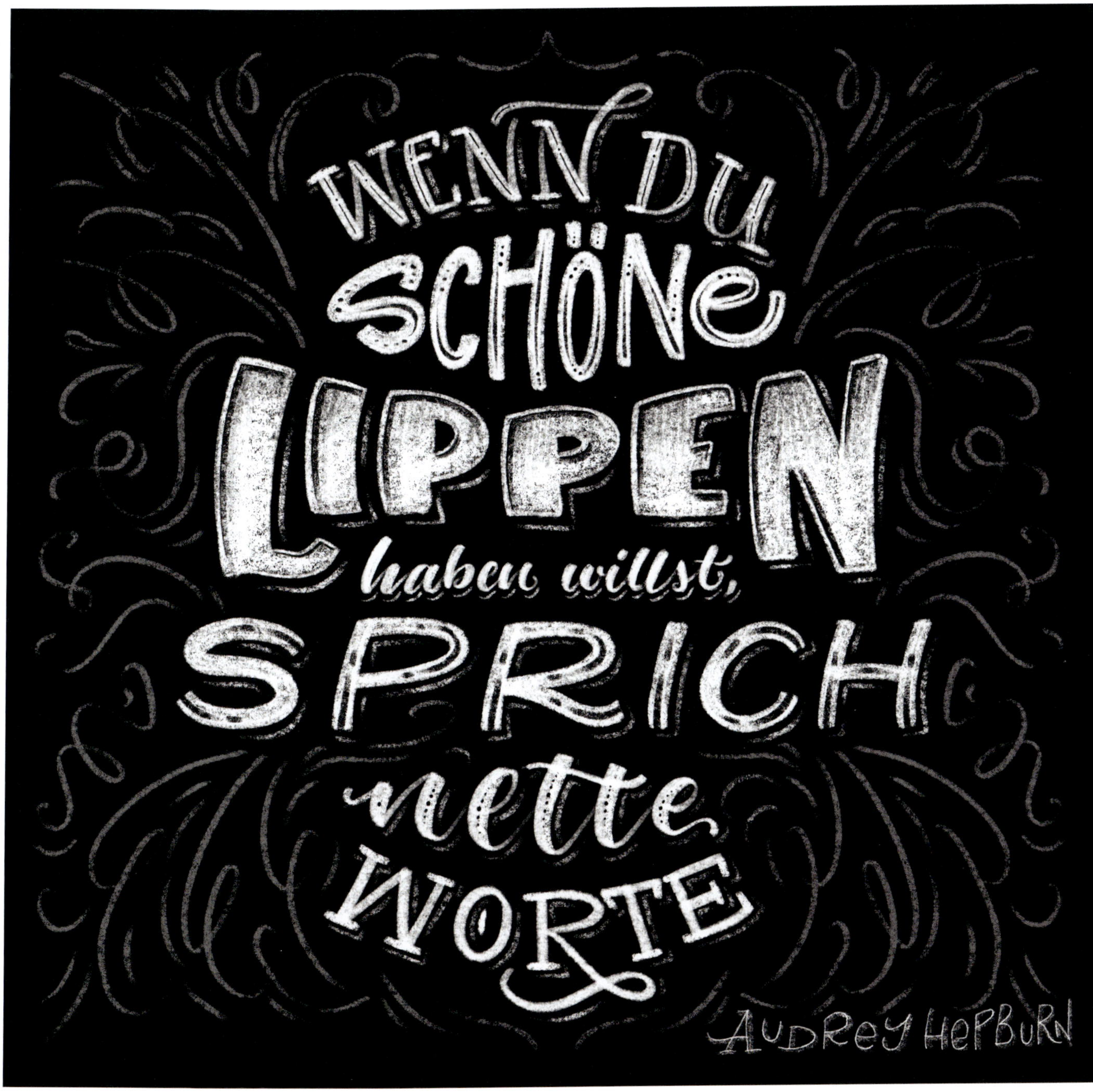

Dieses Lettering kombiniert sowohl drei verschiedene Schriftgrößen als auch drei Schrifttypen: Serifenlose Schrift, Druckbuchstaben und Schreibschrift. Mit einem Kreide- oder Bleistiftpinsel in weißer Farbe auf schwarzem Grund entsteht der Effekt eines Kreideletterings. Dieser kommt noch besser zur Geltung, wenn du als Hintergrund eine nicht ganz saubere Schiefertafel verwendest.

PROJEKT 2:

LETTERN IST ENTSPANNUNG PUR

In diesem Projekt bringen wir nun die Lettering Basics der vorhergehenden Seiten – also das Variieren von Buchstaben mit Hilfe von Serifen, Strichstärke, Größe und Form – in einem Lettering zusammen. Ich habe dafür den Spruch „Lettern ist Entspannung pur" ausgewählt.

SCHRITT 1: RASTER EINSCHALTEN

Für das Anordnen von Buchstaben und die Einhaltung einer gleichmäßigen Schriftgröße ist ein Raster aus horizontalen und vertikalen Linien eine wertvolle Hilfe. In Procreate schaltest du das Raster über den Werkzeugschlüssel in der Menüleiste ein. Dort findest du innerhalb der Kategorie Leinwand den Schalter für die sogenannte Zeichenhilfe. Im Menüpunkt direkt darunter kannst du die Zeichenhilfe bearbeiten, also verschiedene Rasterformen sowie deren Eigenschaften wie Größe und Deckkraft einstellen.

In Fresco findest du das Raster-Icon direkt in der Menüleiste. In der Unterkategorie „Raster" kannst du es einschalten und Einstellungen vornehmen.

TIPP

Du brauchst das Raster vor dem Exportieren nicht auszublenden. Es handelt sich tatsächlich nur um eine Zeichenhilfe, die nicht Teil deines Bildes ist und in der fertigen Grafik nicht zu sehen sein wird.

RASTER

FRESCO

PROCREATE

SCHRITT 2: LAYOUT AUF HILFSEBENE ANLEGEN

Zusätzlich zum Raster wollen wir noch die Größe der einzelnen Worte oder Wortgruppen festlegen. Damit bestimmst du das Layout deines Letterings. Generell ist es eine gute Idee, wichtige Worte besonders groß oder fett zu lettern. Versuche, folgendes Layout auf deine Leinwand zu übertragen:

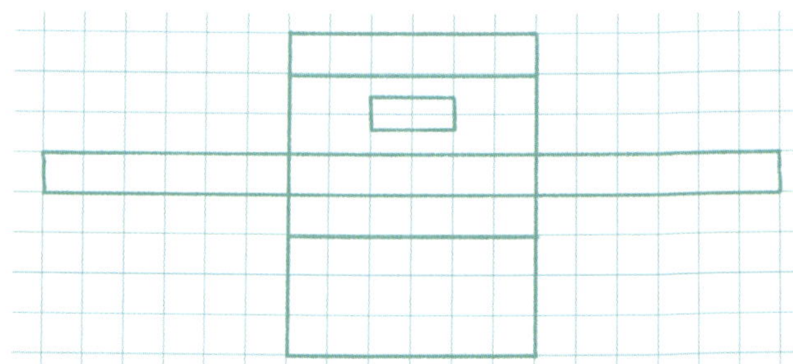

SCHRITT 3: BUCHSTABENSKELETT EINZEICHNEN

Erstelle eine neue Ebene und senke die Deckkraft deiner Hilfsebene. Male auf der neuen Ebene mit einem Pinsel deiner Wahl die Buchstaben vor. Es genügt, zuerst nur das Buchstabenskelett, also das Grundgerüst der Buchstaben, einzuzeichnen. Zeichne also einfache, schemenhafte Formen, die die Buchstaben charakterisieren, sodass du dich auf deren Größe und Position konzentrieren kannst.

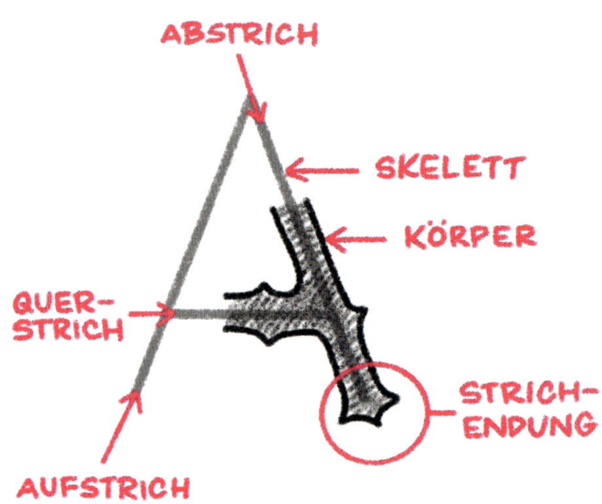

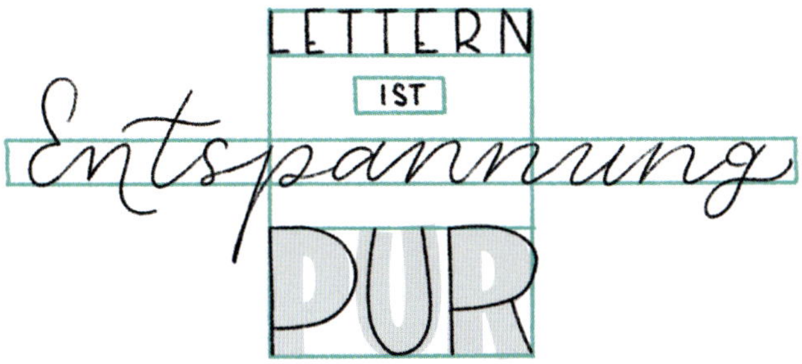

Wie du siehst, habe ich bei meinem Buchstabenskelett mit Größen und Formen sowie verschiedenen Buchstabenabständen gespielt, um die Breite der vorgegebenen Kästchen einzuhalten. Darüber hinaus habe ich eine ganz andere Schriftfamilie integriert, nämlich die Schreibschrift beim Wort „Entspannung“. Wie du bereits erfahren hast, ist die Kombination verschiedener Schriftarten im Handlettering ein sehr häufig eingesetztes Mittel.

Zu guter Letzt erschien mir das Wort „ist“ in dem vorgegebenen Kästchen viel zu groß – also habe ich es einfach verkleinert.

Dazu habe ich es zunächst mit dem Auswahl-Werkzeug freihand eingekreist und anschließend mit dem Bearbeiten-Werkzeug verkleinert. Schau dir dazu auch gern mein Video an!

Das Auswahl-Werkzeug bei Procreate

Das Auswahl-Werkzeug bei Fresco

Also, lass auch du dich nicht von den Hilfslinien zwingen, bestimmte Vorgaben strikt einzuhalten. Sie dienen nur der Orientierung und müssen nicht perfekt sein!

DEIN DIGITALES ÜBUNGSPAKET: SCHREIBSCHRIFT

Wenn du möchtest, kannst du zwischendurch deine Schreibschrift im digitalen Downloadpaket üben!

DIGITALE ÜBUNGSBLÄTTER
Download_3.psd

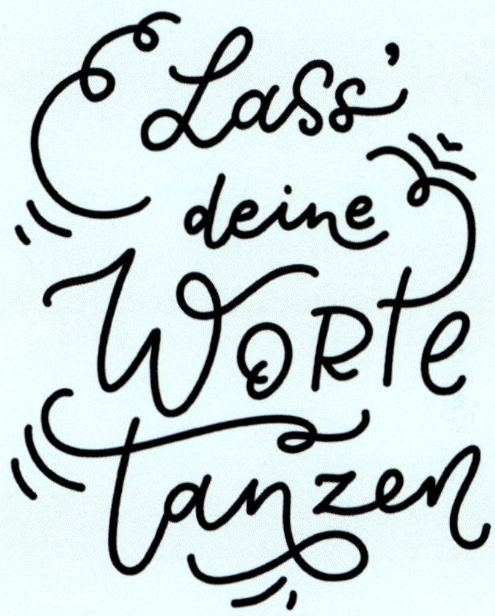

AUSWAHL BEARBEITEN

FRESCO PROCREATE

SCHRITT 4: DEN WORTEN GEWICHT VERLEIHEN

Reduziere die Deckkraft der Ebene mit dem Buchstabenskelett und lege eine neue Ebene an. Das Buchstabenskelett ist jetzt nur noch eine Orientierungshilfe – kein Zwang zur Einhaltung also.

KRÄFTIGE BUCHSTABEN – METHODE 1

Die einfachste Art, Buchstaben dicker zu zeichnen, besteht darin, die Pinseldicke zu erhöhen. Mit dieser Methode ist sichergestellt, dass die Strichstärke konstant bleibt. Ziehe den Regler für die Strichdicke also ein bisschen hoch und spure das Wort Lettering nach.

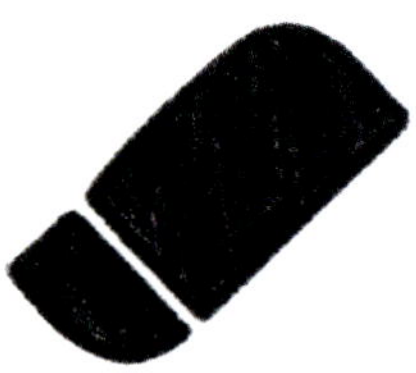

Je nach Pinsel sind jetzt die Strichenden möglicherweise nicht so, wie du sie gerne hättest. Vielleicht sind sie unscharf, abgerundet oder haben den falschen Winkel. Kein Problem – radiere die Enden einfach „in Form“, wie ein Barbier, der einen Bart stutzt. Verwende zum Radieren am besten den gleichen Pinsel wie zum Malen, damit die Ränder gleich aussehen. Alternativ kannst du die Strichenden mit reduzierter Pinselgröße ausformen.

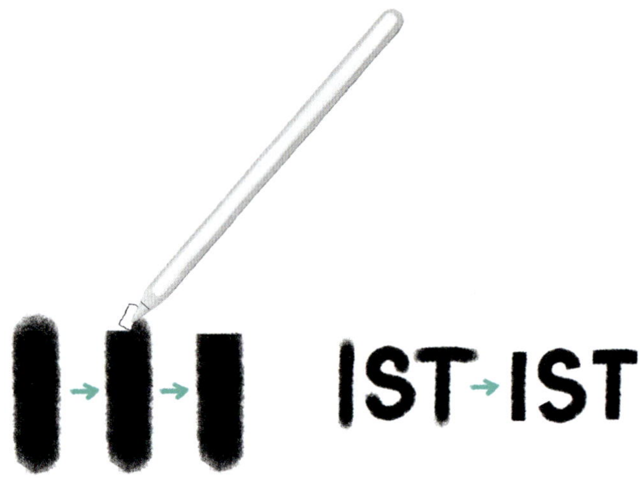

TIPP FÜR PROCREATE:

Um bei einem der anderen Werkzeuge – Pinsel, Wischfinger oder Radiergummi – schnell den gleichen Pinsel auszuwählen, tippe und halte das Werkzeug-Icon für eine Sekunde. So brauchst du nicht lange in der Pinselbibliothek nach dem richtigen Pinsel zu suchen.

PINSEL

FRESCO PROCREATE

KRÄFTIGE BUCHSTABEN – METHODE 2

Die zweite Methode ist zwar deutlich aufwendiger, hat aber den Vorteil, dass du die Umrandung der Buchstaben später für tolle Effekte nutzen kannst. Das Prinzip ist ganz einfach: Male zuerst deine Buchstaben mit einem superdicken Pinsel auf einer leeren Ebene und verringere anschließend die Deckkraft. Male dann auf einer neuen, darüberliegenden Ebene die Umrisse der Buchstaben mit einer kleineren Pinselgröße nach.

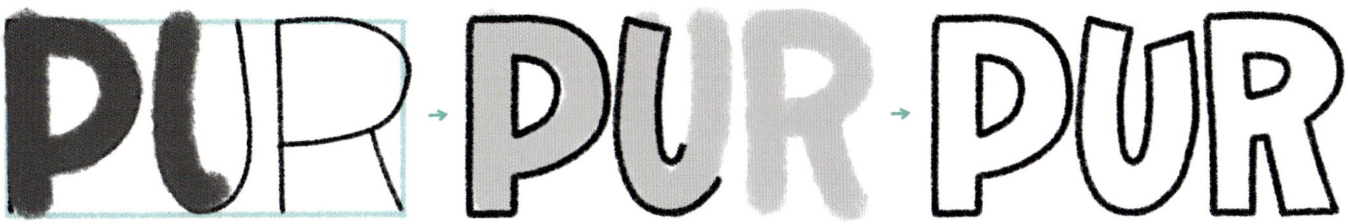

Wie immer dient die Hilfsebene nur der Orientierung, du kannst ganz bewusst davon abweichen, wie die folgenden Beispiele zeigen:

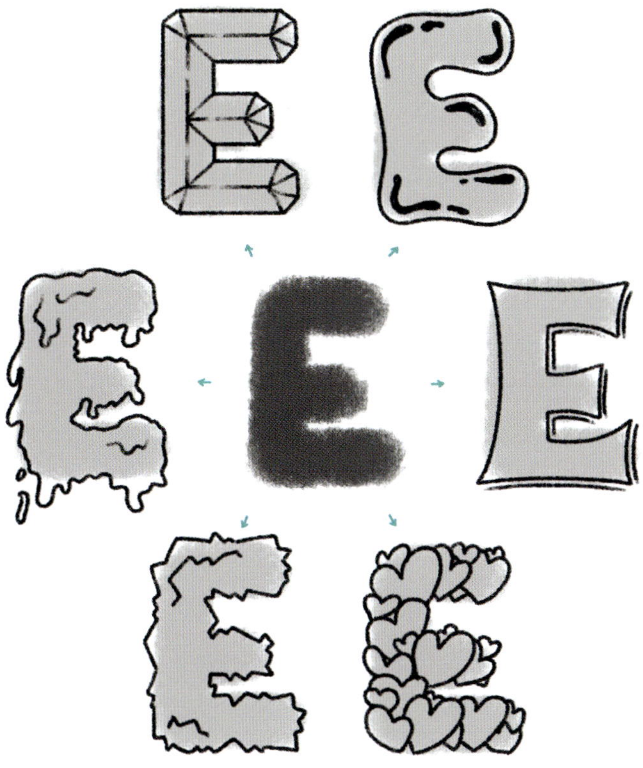

DEKO-TIPPS

FRESCO

PROCREATE

KLEINE ZWISCHENDURCH-ÜBUNG

BUCHSTABENSPIELE

Bei der ganzen Theorie kann ein bisschen Aktivität nicht schaden, findest du nicht auch? Schüttle dich doch mal ordentlich durch, lass erst den Kopf und dann die Schultern locker einige Male kreisen. Und dann lege ein neues Projekt an. Keine Sorge, wir kehren gleich zum eigentlichen Lettering zurück. Aber diese kleine Übung wird dir sicher Spaß machen und dein Repertoire erweitern!

Nimm, wie oben beschrieben, zuerst einen relativ dicken Pinsel und male die Buchstaben deines Vornamens fünf Mal richtig groß auf die Leinwand. Reduziere die Deckkraft der Ebene deutlich und erstelle darüber eine neue Ebene. Nun nimmst du einen Pinsel, der sehr viel dünner ist und malst, inspiriert vom Beispiel oben, ganz unterschiedliche Buchstabenformen. Auch den Inhalt kannst du nach Belieben füllen – mit Mustern, Farbe oder beidem. Lass deiner Kreativität freien Lauf!

TIPP

Möchtest du eine perfekte, gerade Linie, einen Kreis oder ein Quadrat zeichnen? Nutze die Hilfsfunktion deiner Zeichenapp! Zeichne zuerst die Form oder Linie, so gut du kannst. Setze den Stift aber nicht ab, sondern verharre für ein, zwei Sekunden in der Endposition. Deine Form verändert sich dann sprunghaft in das, was deine App für die richtige Wahl hält. Das kann alles vom Bogen bis zum Quadrat sein. Probiere einige Formen aus und manipuliere das Ergebnis mit den dir angebotenen Funktionen, um dich mit diesem sehr nützlichen Werkzeug vertraut zu machen.

QUICKSHAPE

FRESCO

PROCREATE

BUBBLE-LETTERING IN DREI SCHRITTEN

Schritt 1: Hilfslinien

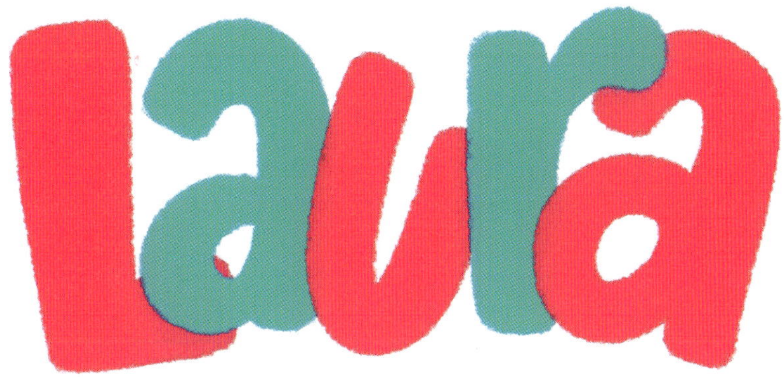

Schritt 2: Outlines

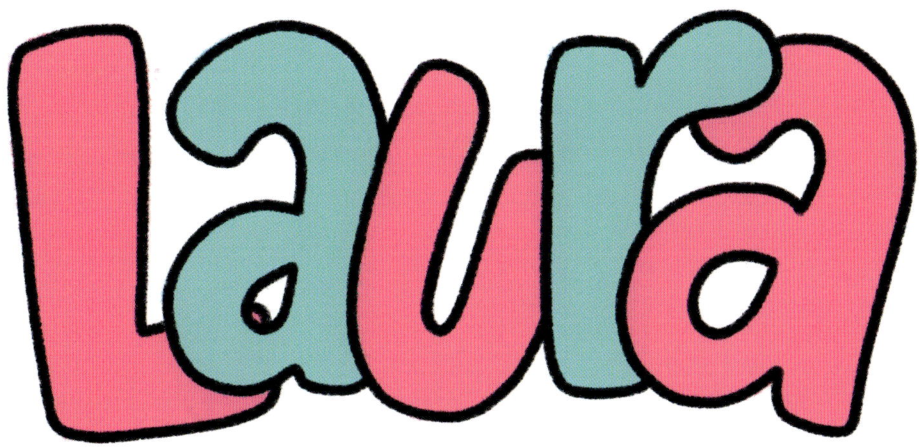

Schritt 3: Deko

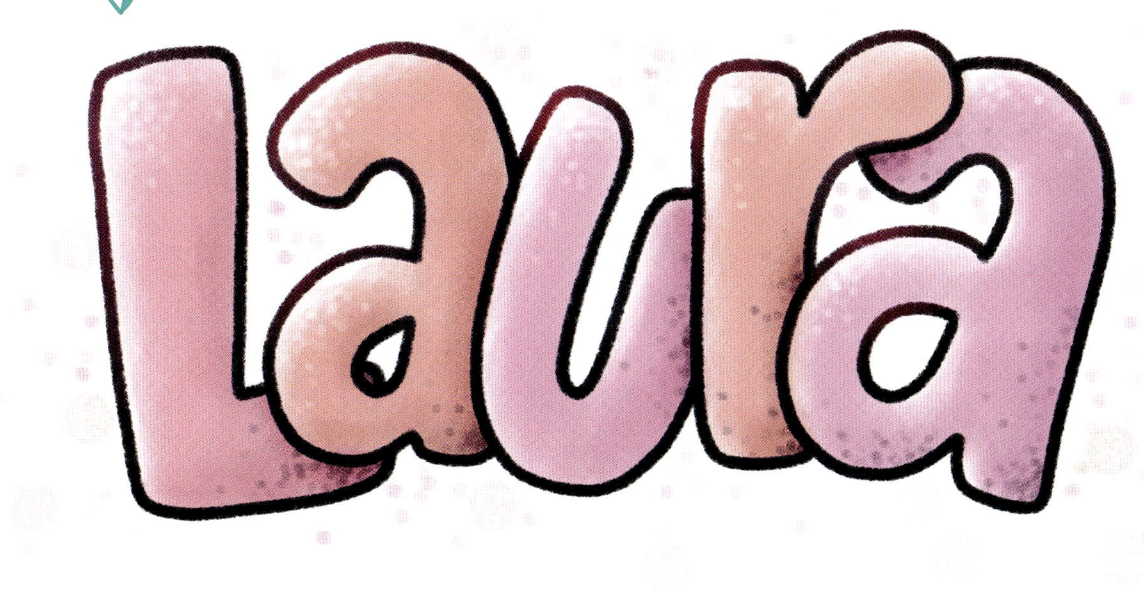

EXKURS

VARIATIONEN HINZUFÜGEN

Vielleicht sieht dein Lettering jetzt ungefähr so aus – möglicherweise hast du aber auch ganz andere Strichstärken eingesetzt. Das ist völlig in Ordnung! Diese Unterschiede, und seien es auch nur Nuancen, machen jedes Lettering zum Unikat.

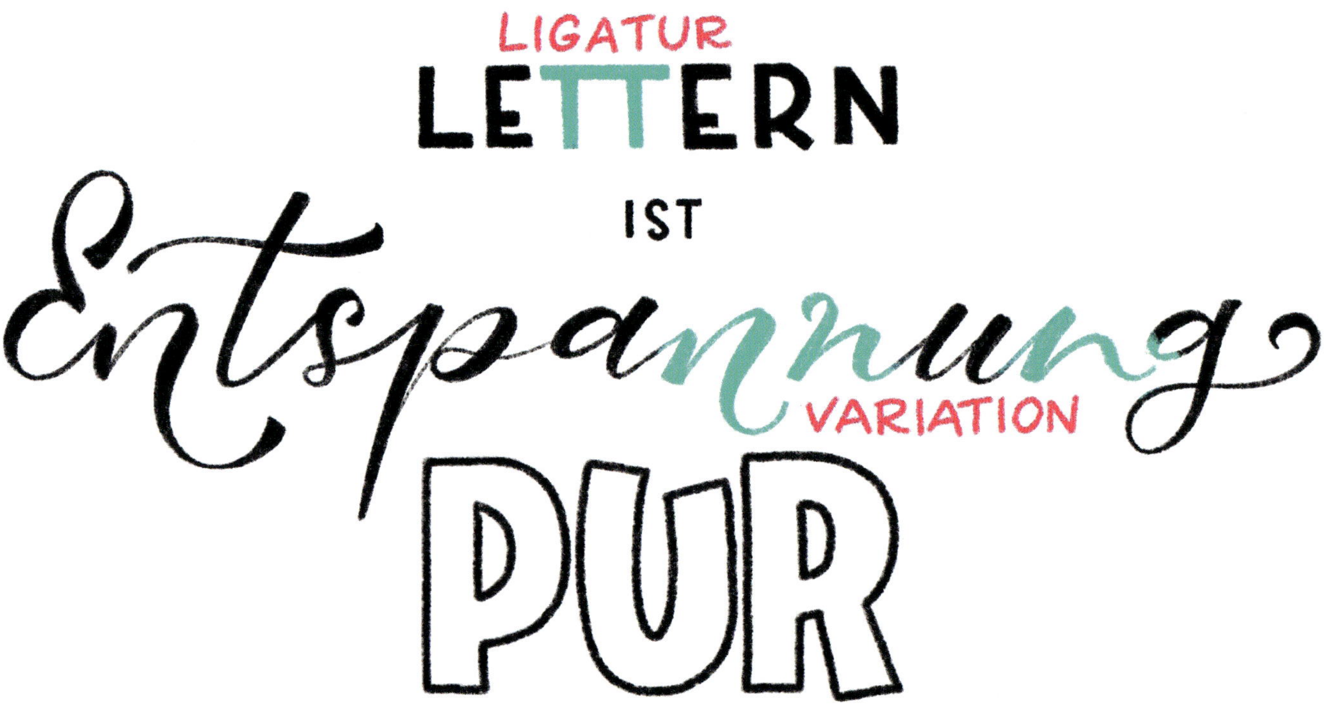

Apropos Nuancen – ich habe noch drei kleine Veränderungen eingefügt:

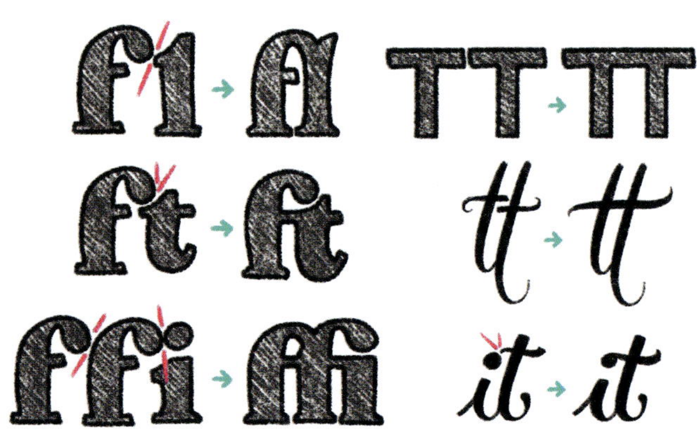

- **Ligatur:** Eine Ligatur ist in der Schriftgestaltung die Verschmelzung von zwei oder mehr Buchstaben zu einem einzigen, ästhetisch zusammenhängenden Zeichen. Ligaturen dienen dazu, das Erscheinungsbild bestimmter Buchstabenkombinationen zu verbessern, damit unschöne Überlappungen oder mickrige Abstände zwischen den Buchstaben vermieden werden. Einige der bekanntesten Ligaturen betreffen Buchstabenkombinationen wie „fi", „fl", „ff", „ft" und „ae".

- **Strichvarianten:** Mal höher, mal tiefer – Hauptsache, es gefällt. Es gibt im Handlettering keine klaren Regeln für die Position oder Länge der Buchstabenstriche. Durch das Absenken oder Anheben einzelner Striche kannst du deine persönliche Note hinzufügen und deine kreative Freiheit ausdrücken.

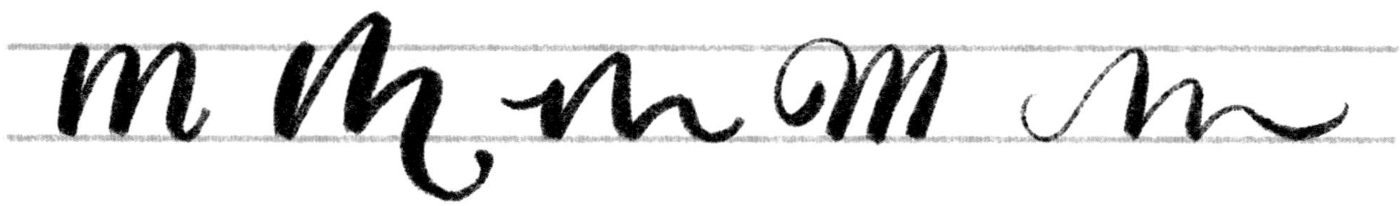

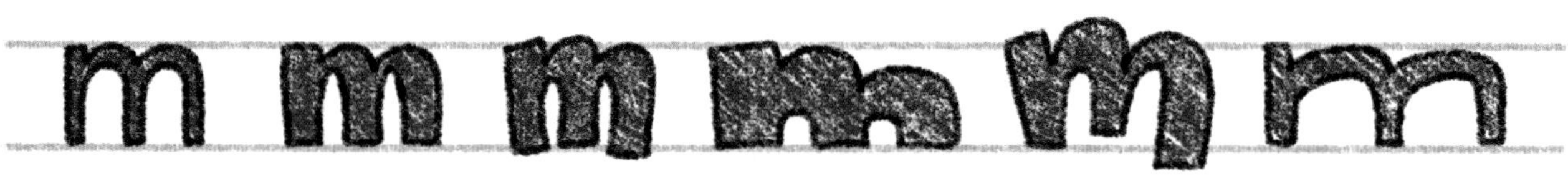

- **Brush Script:** Die Schreibschrift habe ich mit eingeschalteter Druckempfindlichkeit des Pinsels nachgespurt, sodass die geschwungenen Linien in der Strichstärke variieren. Dem Brush Lettering widme ich ein eigenes Kapitel sowie ein digitales Übungspaket (s. Seite 90 ff.), also keine Sorge, falls du damit noch Schwierigkeiten haben solltest. Eine Monoline-Schreibschrift wirkt hier ebenfalls supergut!

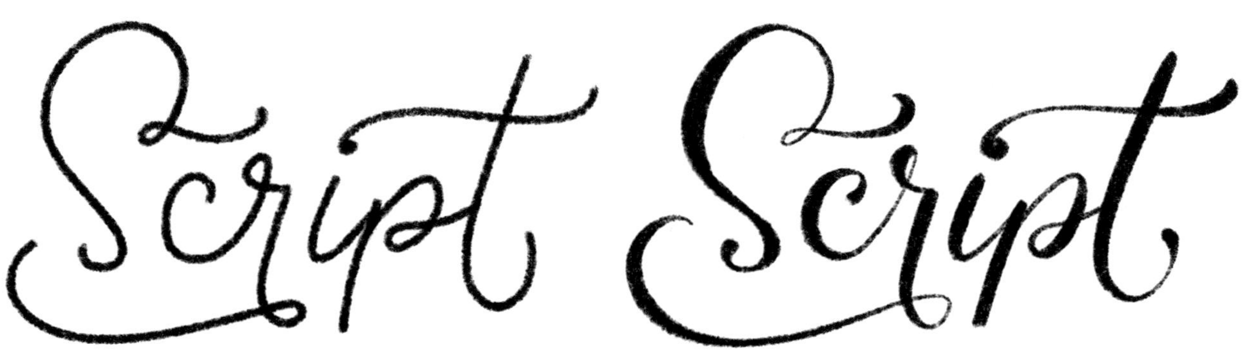

SCHRITT 5: DEKORIEREN

Zurück zu unserem Lettering-Projekt: Den letzten Schliff bekommt dein Lettering durch Deko-Elemente. Auch hier gibt es unzählige Möglichkeiten: Farben, Umrahmungen, Schatten, Tropfen, kleine Illustrationen – oder sogar alles zusammen. Lass uns einige Techniken ausprobieren, damit du in deinen späteren Kreativphasen darauf zurückgreifen kannst.

KURZE WORTE IN SZENE SETZEN

Für kurze Worte, besonders wenn diese in einer eigenen Zeile stehen, eignen sich illustrative Elemente wie Strahlen, Rahmen oder Schnörkel. Sie setzen die Füllworte in Szene, können Leerräume füllen und richtig viel Schwung in dein Lettering bringen.

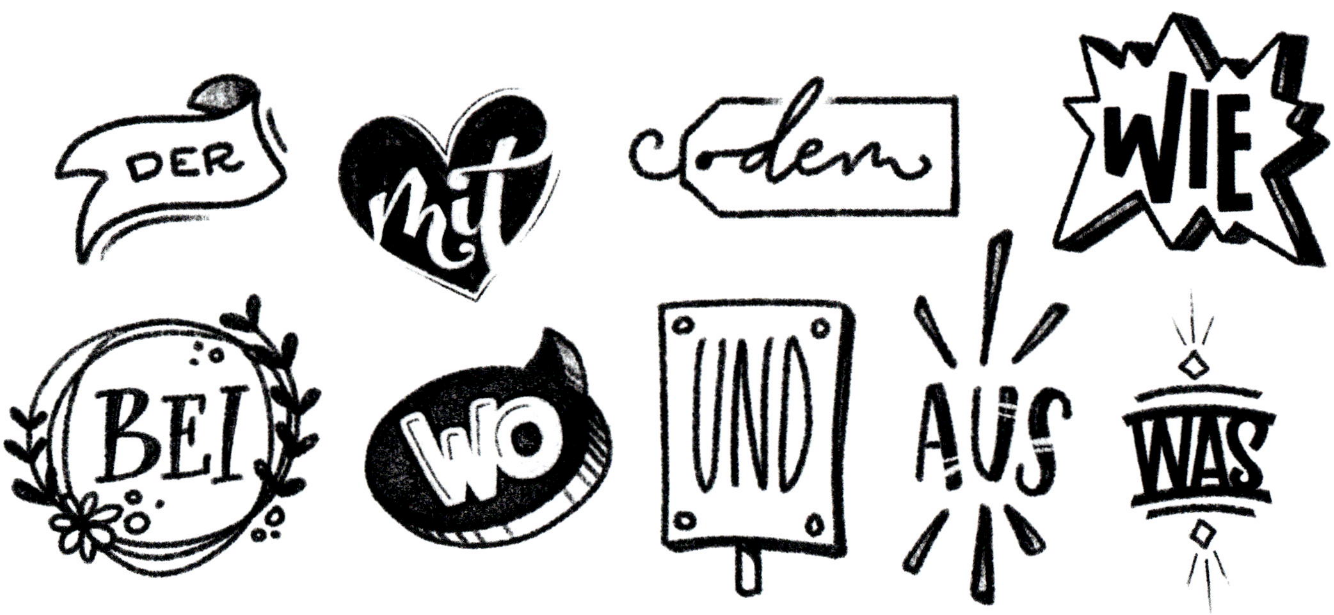

Unser kleines Wort „ist" ist der perfekte Kandidat für diese Art von Dekoration. In dieser Phase des Lettering-Prozesses kannst du gern ins Detail gehen. Ich habe meiner Schrift spontan noch Serifen geschenkt und bin mit meiner Illustration sehr geradlinig geblieben. Probiere ruhig verschiedene Varianten aus, behalte dabei aber stets den Rest deines Letterings im Blick.

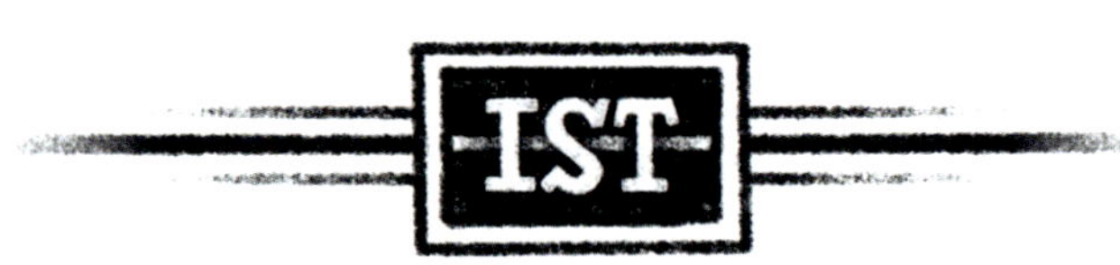

SCHATTIEREN

In meinen Lettering-Workshops erkläre ich immer, dass das Schattieren am besten funktioniert, wenn man in Gedanken eine Richtung festlegt, aus der das Licht kommt. Der Schatten liegt dann auf der gegenüberliegenden Seite der Schrift.

Auf dem Tablet können wir uns allerdings eine noch viel einfachere Hilfestellung zu Nutze machen: Wir können den Buchstaben oder Schriftzug einfach kopieren und in die Richtung des Schattens verschieben.

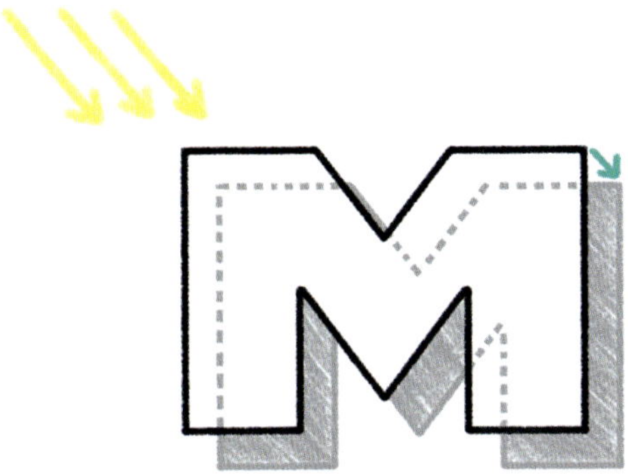

In Procreate befinden sich die Funktionen „Kopieren“ und „Einfügen“ im Aktionenmenü (Werkzeugschlüssel) unter dem Reiter „Hinzufügen“. Viel schneller ist aber eine Geste: Wische mit drei Fingern von oben nach unten über deine Leinwand – es öffnet sich ein Quick-Menü mit allem, was du in Sachen „Kopieren und Einfügen“ brauchst.

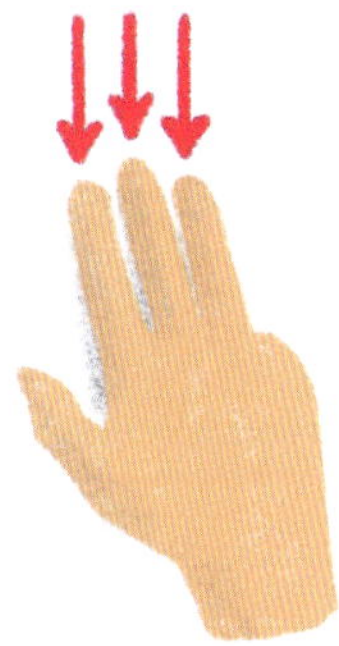

QUICK-MENÜ ÖFFNEN

Lass uns dies gemeinsam am Wort „Entspannung“ ausprobieren. Sorge zuerst dafür, dass der Buchstabe oder das Wort auf einer eigenen Ebene steht. Dazu kannst du es mit dem Auswahlwerkzeug umranden, dann ausschneiden und einfügen. Es wird automatisch eine neue Ebene mit dem ausgeschnittenen Inhalt erstellt. Im Video zeige ich dir genau, wie es geht.

In Fresco findest die Funktion „Auswahl duplizieren“ als Menüeintrag, wenn du auf die ausgewählte Ebene tippst.

Verschiebe jetzt deinen Buchstaben oder deinen Schriftzug und reduziere die Deckkraft. So ist im Nu ein perfekter Schlagschatten entstanden.

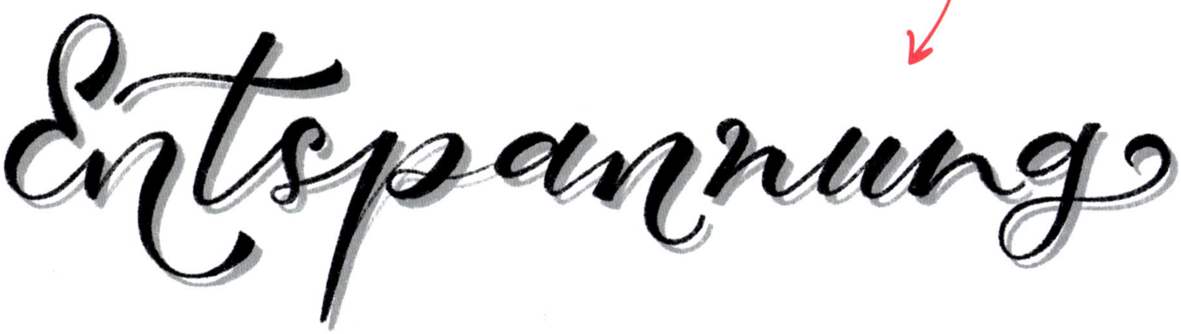

AUSWAHLWERKZEUG

FRESCO PROCREATE

GESTEN

FRESCO PROCREATE

DEKO-TIPPS

FRESCO PROCREATE

KLEINE ZWISCHENDURCH-ÜBUNG

SCHATTENLINIE ANLEGEN

Wenn du Lust hast, kannst du deinen Schatten noch in eine sogenannte „Schattenlinie“ überführen. Stelle dir diese Linie wie einen Schlagschatten mit etwas Abstand zum Buchstaben vor. Du kannst ihn zwar auch freihand erzeugen, aber leichter geht es, wenn du einen durch Kopieren und Verschieben erstellten Schatten als Hilfslinie verwendest. Fahre diesen Schlagschatten einfach mit einem dünnen Pinsel an der unteren, rechten Schattenkante noch einmal nach. Denke daran, das auf einer neuen Ebene zu tun, damit du den Schatten anschließend löschen kannst und nur noch die Schattenlinie zu sehen ist. Das könnte dann in etwa so wie in diesem Ausschnitt aussehen:

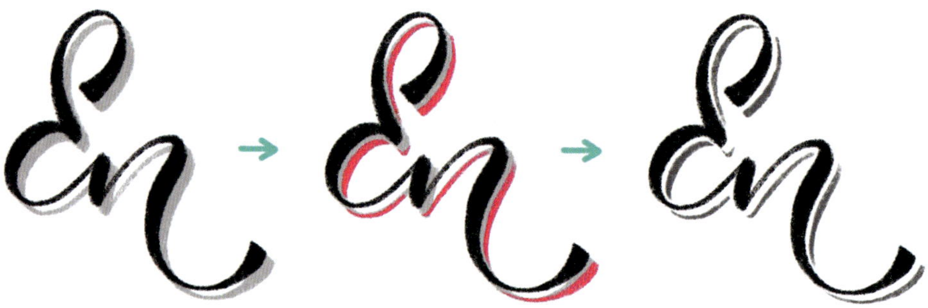

3D-EFFEKT

Wenn wir unseren Trick für die schnelle Schattenerstellung noch ein wenig ausbauen, können wir unseren Buchstaben einen 3D-Effekt verpassen. Dazu musst du nur den Schatten in die Richtung verlängern, aus der der Schriftzug ursprünglich gekommen ist. Die Abbildung zeigt mit blauer Farbe an, wo Schatten hinzugefügt werden muss.

Probiere den Effekt an unserem Wort „Lettern“ aus. Bei mir sieht es jetzt so aus:

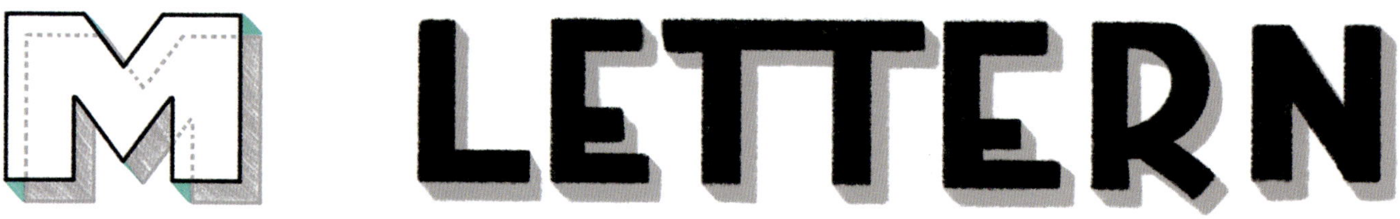

KLEINE ZWISCHENDURCH-ÜBUNG

3D-OBJEKT ANLEGEN

Mit dem 3D-Effekt können wir auch komplexe Buchstaben mit Rundungen und verschiedensten Winkeln in eine dreidimensional wirkende Form verwandeln. In der kleinen Zwischendurch-Übung kannst du selbst miterleben, wie leicht das geht.

Beginne ein neues Projekt und male mit einem dicken Pinsel wieder den ersten Buchstaben deines Vornamens, diesmal aber in geschwungener Schreibschrift. Kopiere die Ebene und verschiebe sie ein Stück nach rechts unten.

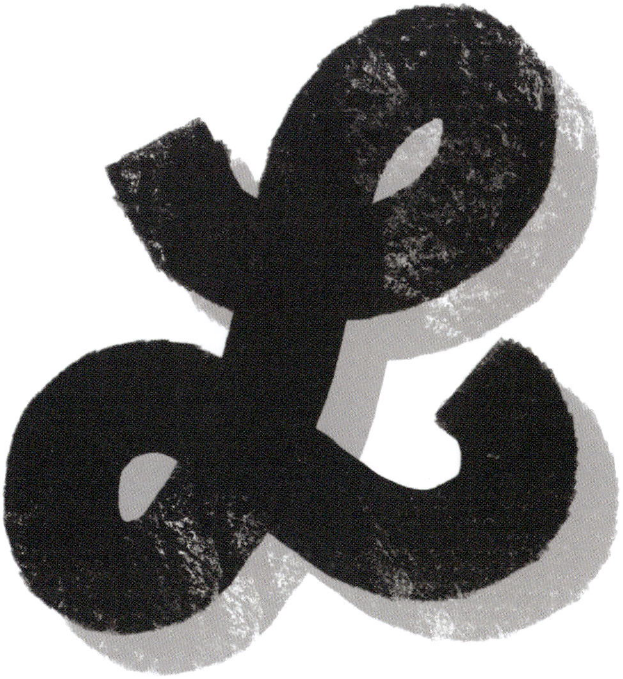

Lege eine neue Ebene an und nutze deine Kopie als Orientierungshilfe. Verbinde zuerst die Ecken von Kopie und Original …

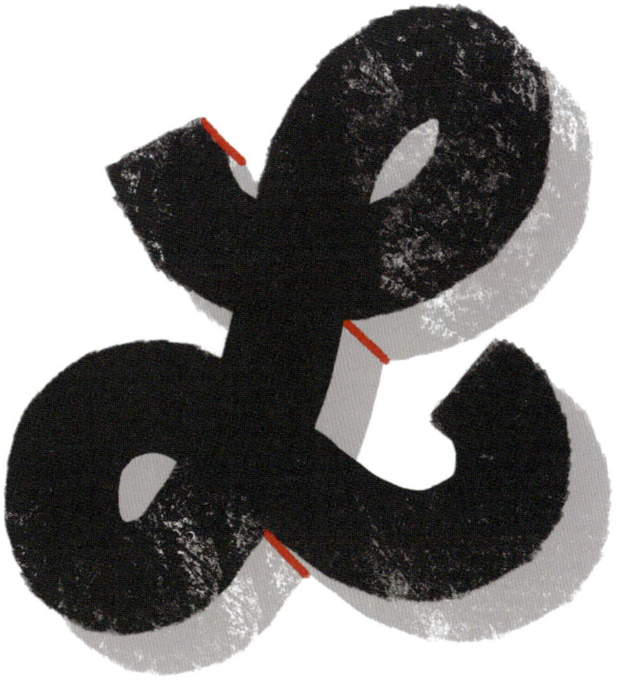

… und zeichne dann die Außenkanten der Hilfsebene nach.

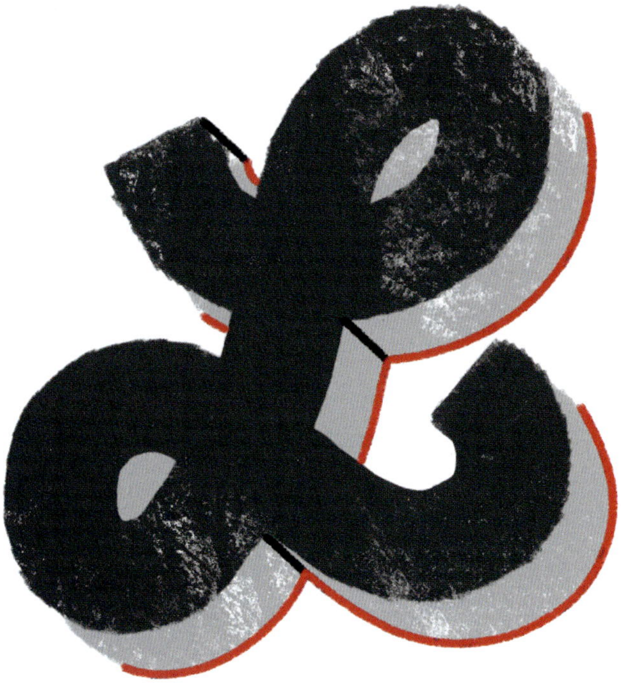

Bei Rundungen schließen die Außenkanten wieder mit dem Original ab.

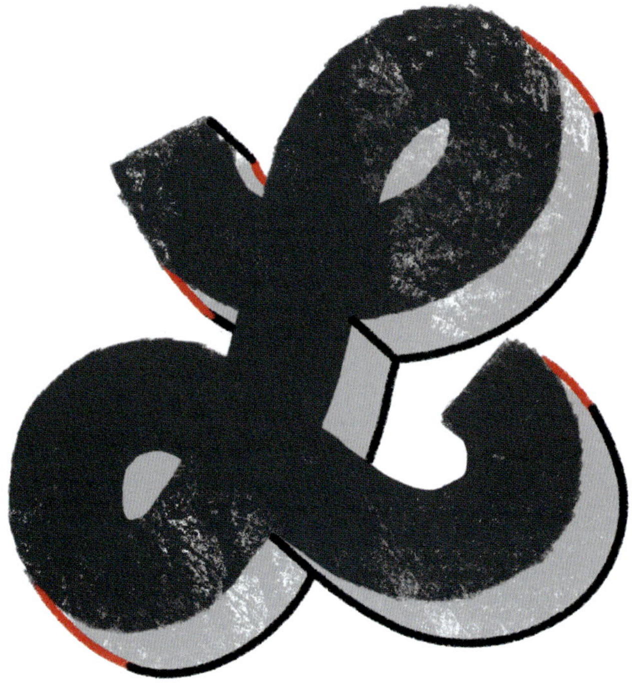

Dein 3D-Objekt ist schon fertig, jetzt kannst du mit Farben und Schattierungen spielen. Meine Version hat noch einen dicken Schatte bekommen – und das ist der Clou: Dieser ist genau auf die gleiche Art entstanden, nur dass ich die Kopie des Buchstabens aus dem ersten Schritt diesmal nach unten links statt rechts verschoben habe!

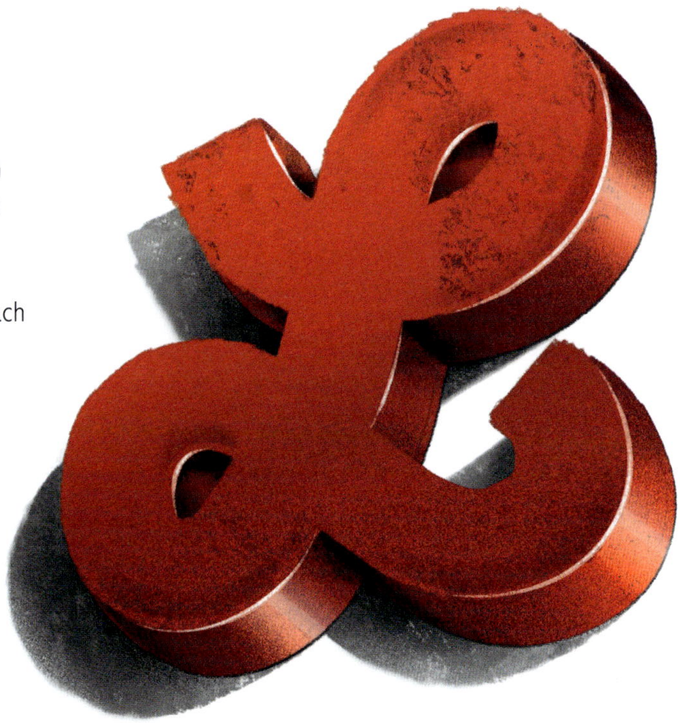

TIPP

Das Prinzip des Verschiebens einer Kopie als Zeichenhilfe kannst du auch in ganz anderen Fällen anwenden. Möchtest du zum Beispiel ein Banner zeichnen, fange mit einer durchgängigen Linie an. Kopiere sie und ziehe sie ein Stück herunter. Dann musst du nur noch die Punkte verbinden, an denen dein Banner die Richtung wechselt. Radiere versteckte Bereiche weg – fertig ist dein Banner! Das kannst du sogar mit ganzen Schriftzügen machen:

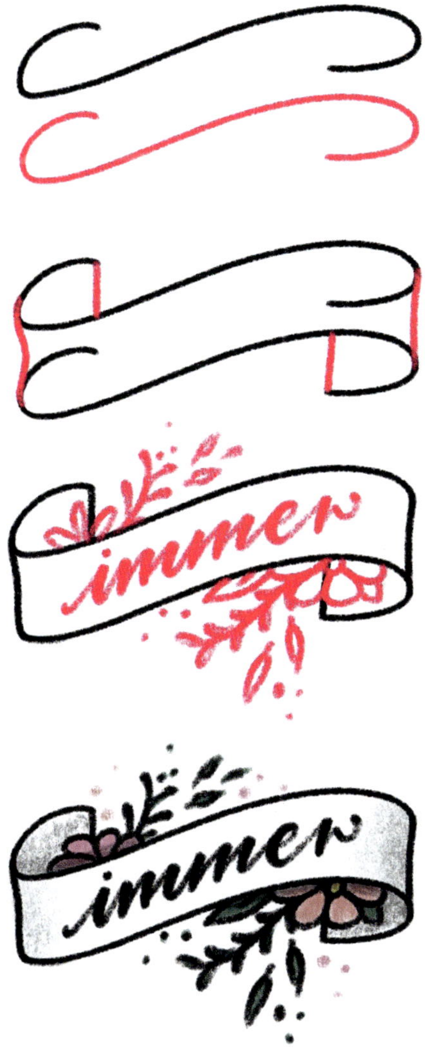

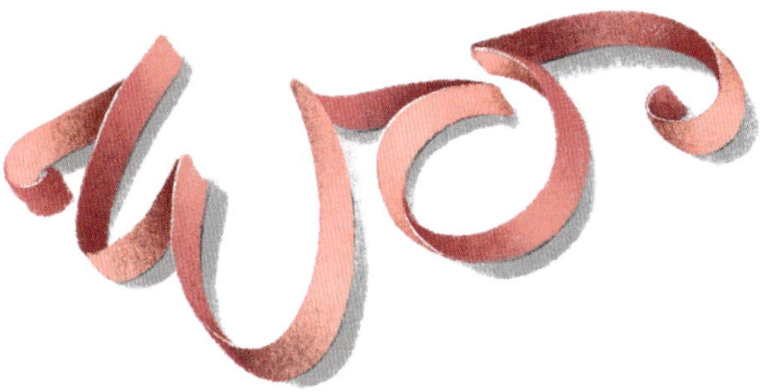

BONUSMATERIAL

Als kleinen Bonus habe ich ein Pinselset, also eine Zusammenstellung aus mehreren Pinseln, für dich in den ZIP-Ordner gestellt. Das Besondere daran ist, dass es dir fertige Banner oder Blumengrüppchen auf die Leinwand zaubert. Wie bei jedem anderen Pinsel kannst du auch hier die Farbe und Größe einstellen, sodass du dein Lettering anschließend in die Banner integrieren kannst.

Um das Pinselset auf dein iPad in Procreate zu importieren, öffnest du die Pinselbibliothek, tippst auf das „+“-Symbol, wählst „Importieren“ und navigierst zur Datei.

In Adobe Fresco öffnest du das Pinselmenü, scrollst nach unten, tippst auf „Importieren“ und wählst ebenfalls die Datei aus.

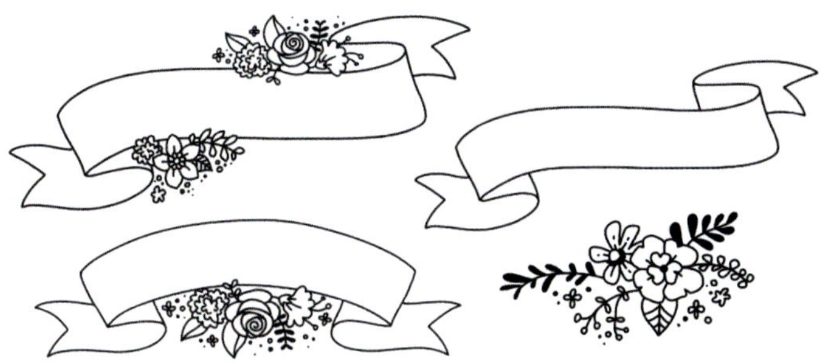

DIGITALES BONUSMATERIAL

Pinselset_Blumenbanner.brushset

FARBEN UND MUSTER

Je dicker die Buchstaben, desto mehr Raum haben wir für Farben und Muster. Das Wort „pur“ in unserem Lettering hat schwarze Outlines (Umrisse), das Innere ist leer. Nun könnten wir diese leere Fläche zwar ganz einfach per Füllwerkzeug füllen (siehe Color-Drop auf Seite 65). Auf diese Weise würden aber die Pixel der Außenkante mit der Füllung verschmelzen und wir könnten sie nicht mehr getrennt voneinander bearbeiten.

Erstelle also eine neue Ebene, um die Umrisse unverändert zu belassen. Ziehe die neue Ebene im Ebenenmenü unter die Umrissebene. Jetzt kannst du nach Lust und Laune kolorieren, Muster malen oder auch schattieren. Ich zeige dir hier noch einen kleinen Trick, den ich persönlich ganz oft verwende:

Die Abbildung zeigt, wie ich auf einer Ebene unterhalb der Buchstabenumrisse einen Farbverlauf mit einem sehr großen Pinsel gemalt habe. Dabei habe ich großzügig über die Buchstaben hinweggemalt.

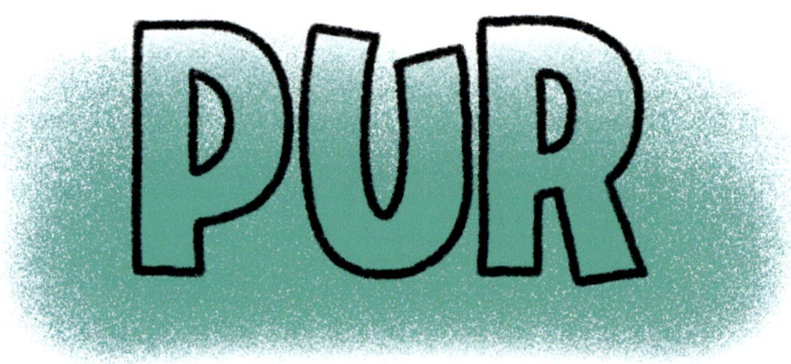

Wie sorge ich jetzt am einfachsten dafür, dass die Farbe nur innerhalb der Buchstaben erscheint? Ich wähle mit dem Auswahlwerkzeug die gesamte Fläche um die Buchstaben herum aus. Mit der automatischen Auswahlfunktion werden alle ähnlichen Pixel ausgewählt, die sich im angetippten Bereich befinden.

Probiere es bitte selbst aus, um dich mit der automatischen Auswahlfunktion vertraut zu machen. Stelle sicher, dass du dazu die Ebene mit den Buchstabenumrissen auswählst. Die orangefarbene Färbung im Bild zeigt, welche Bereiche ausgewählt sein sollten.

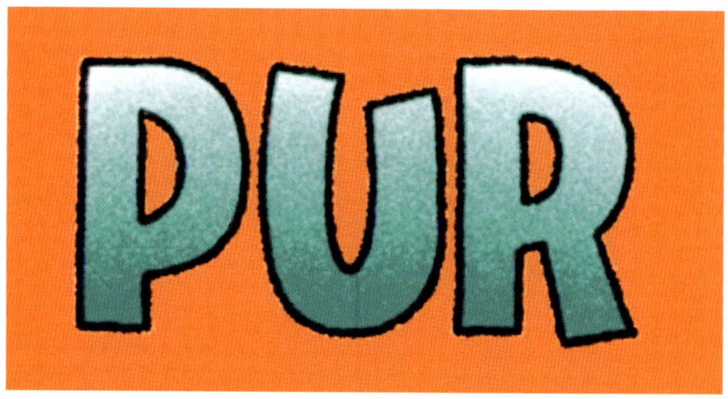

Bist du mit der Auswahl zufrieden, tippst du wiederum auf die Ebene mit der Farbe.

AUSWAHLWERKZEUG

FRESCO

PROCREATE

Hier siehst du meinen Zwischenstand. Solltest du jetzt denken: „So toll sieht das jetzt aber nicht aus“, kann ich das nachvollziehen. Oft sind es die Details, die ein Lettering erst richtig abrunden. Mit Highlights und illustrativen Elementen kannst du Buchstaben nicht nur aufpeppen, sondern die einzelnen Worte auch optisch zusammenbringen.

TIPP

Und jetzt verrate ich dir noch, wie du in den meisten Fällen superschnell eine Auswahl löschen kannst: Schiebe sie einfach von der Zeichenfläche herunter!

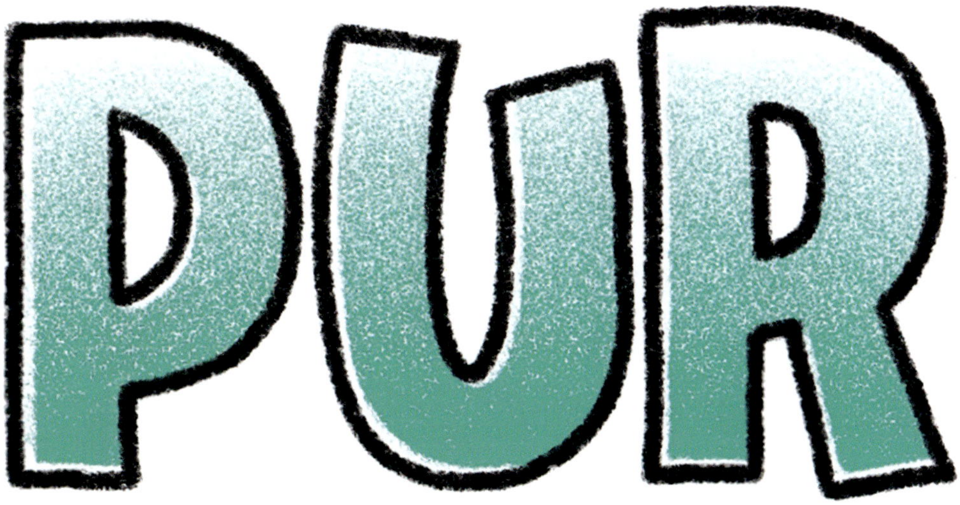

HIGHLIGHTS UND DETAILS

Zwar denken wir bei Highlights an Lichtreflexe und somit auch immer an eine korrekt positionierte Lichtquelle, aber ich kann dir versichern, dass es nicht so wichtig ist, dass das Licht tatsächlich konsequent aus einer Richtung kommt. Ich setze bei unserem Farbverlauf im Wort „pur“ einfach dort Akzente, wo die Farbe am dunkelsten ist.

Wie du am fertigen Lettering siehst, habe ich es dabei nicht belassen. Auf einer neuen Ebene, die ich ganz nach oben geschoben habe, habe ich mit weißem Stift noch mehr Highlights aufgebracht. Eine weitere zusätzliche Ebene enthält die schwarzen Details.

Ich hoffe, du konntest die einzelnen Schritte gut nachvollziehen. Wenn du das Gefühl hast, etwas mehr Übung zu brauchen, bevor du noch weitere Techniken und Funktionen lernst, lettere einfach einen weiteren Spruch. Du kannst genau die gleichen Schritte wiederholen und wirst doch wieder ein ganz anderes Ergebnis bekommen.

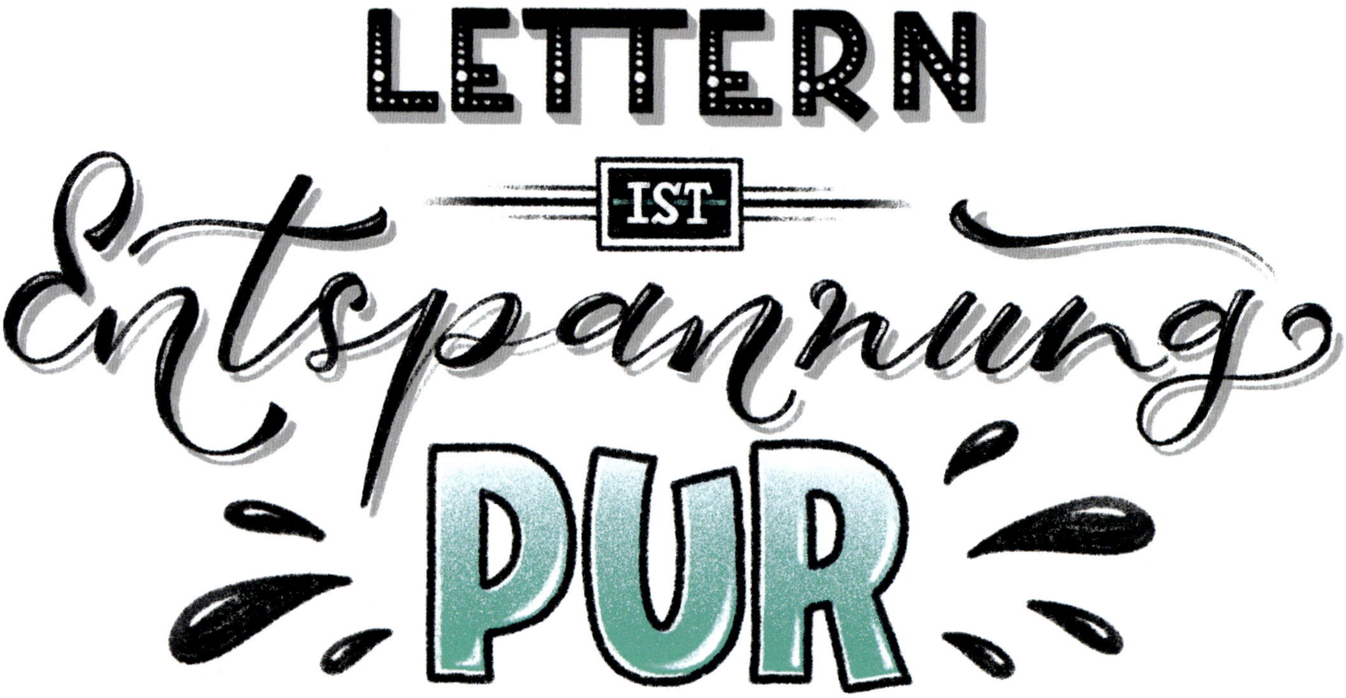

BONUSMATERIAL

Wenn du möchtest, kannst du dir hier das Lettering mit Ebenen in deine Zeichenapp importieren und nach Lust und Laune bearbeiten. Du findest das Material im ZIP-Ordner. Jetzt kannst du dir ansehen, wie ich mit Ebenen arbeite. Wenn du ganz genau hinschaust, wirst du feststellen, dass ich für die blaue Füllung im Wort „pur“ eine Ebenenmaske angelegt habe. Was das ist und wieso ich oft das Maskieren dem Radieren vorziehe, lernst du im nächsten Projekt.

DIGITALES BONUSMATERIAL

Übung_1_Schriftzug_Download.psd

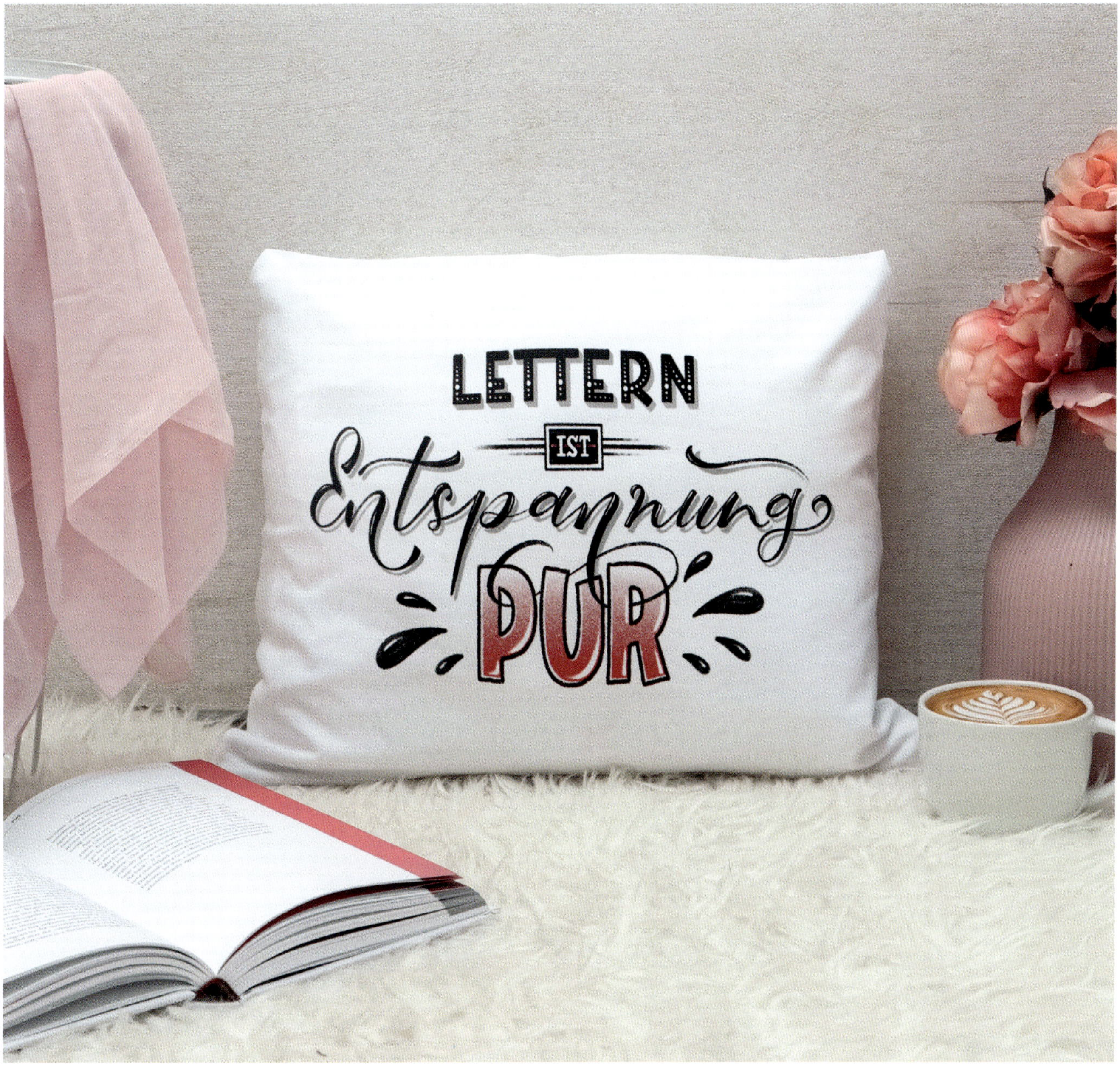

PROJEKT 3:
LETTERN MIT MASKE

Dies ist ein Mini-Projekt im wahrsten Sinne des Wortes. Wir nehmen uns ein kurzes Wörtchen vor und setzen es in einer kleinen Form in Szene. Das Ziel ist, die Schrift in der Form auszusparen, sodass der Hintergrund durchscheint. Das wäre nicht der Fall, würdest du einfach mit Weiß auf die Form malen. Du könntest zwar auch einen Radierer benutzen, aber dann wäre es sehr schwierig, den Schriftzug oder die Form im Nachhinein noch zu verändern.

SCHRITT 1: NEGATIV LETTERN

Lettere ein kurzes Wort in einer Schrift deiner Wahl. Es muss zu diesem Zeitpunkt noch nicht perfekt ausgearbeitet sein, es ist nämlich sehr wahrscheinlich, dass du den Schriftzug noch verändern möchtest, um ihn optimal in deine Form zu integrieren.

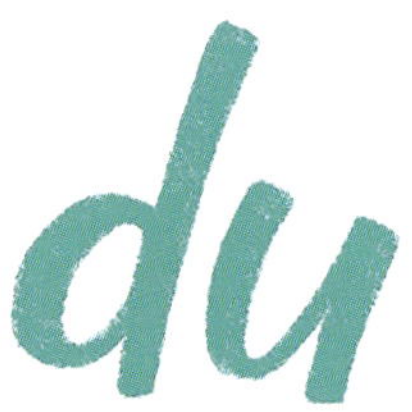

SCHRITT 2: FORM MALEN

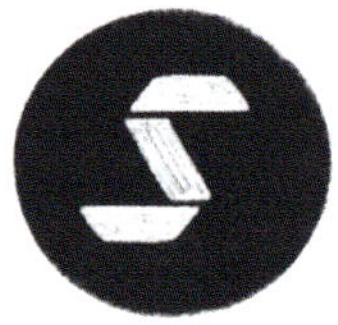

Lege eine beliebige Form – ein Herz, einen Stern oder einfach nur einen Kreis – auf einer neuen Ebene an. Die Form sollte so groß sein, dass sie deinen Schriftzug umgibt.

TIPP

Falls du bereits ein richtig schick in Schwarz geletterte Wort in deinem Fundus hast – probiere gern auch damit ein so genanntes negatives Lettering aus.

SCHRITT 3: SCHRIFTZUG AUSWÄHLEN

Wechsle jetzt mit Hilfe des Auswahlwerkzeugs zur Ebene deines bereits geletterten Schriftzugs und blende die Ebene aus. Deine Auswahl bleibt bestehen – sollte sie doch einmal verlorengehen, holst du sie zurück, indem du eine Sekunde lang auf dem Icon für das Auswahlwerkzeug verharrst (Procreate) oder im Menü des Auswahlwerkzeugs auf „Letzte Auswahl laden“ (Fresco) tippst.

SCHRITT 4: FORM MASKIEREN

Tippe jetzt auf die Ebene mit deiner neuen Form und wähle „Maskieren“ (Procreate) oder „Ebenenmaske erstellen“ (Fresco). Es entsteht eine neue Ebene, die mit deiner Form-Ebene verknüpft ist und mit der du Teile deines Werkes verschwinden lassen kannst, indem du sie hinter der Maske versteckst. Dabei bewirkt eine Maskierung in Weiß gar nichts, denn Weiß lässt alles durchscheinen, was unter der Maske liegt. Je dunkler aber Bereiche auf der Maske eingefärbt werden, desto mehr blockieren sie die darunterliegende Bildinformation. Schwarz lässt also alles verschwinden. Farben haben auf der Maskenebene keine Bedeutung, nur ihr Grauwert ist für die Durchlässigkeit entscheidend.

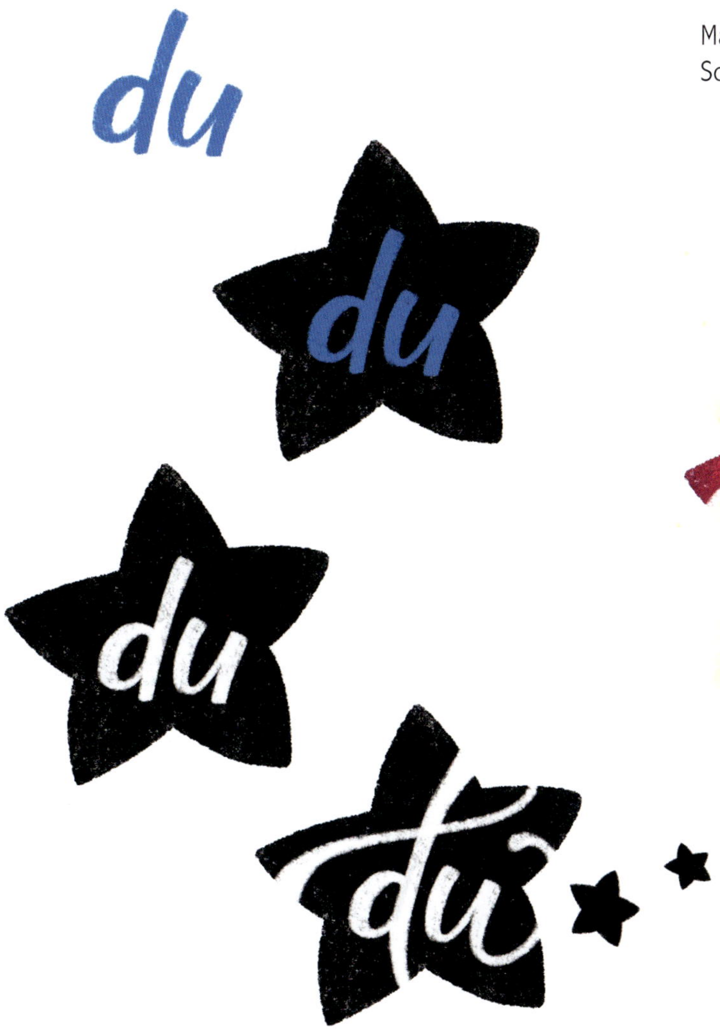

SCHRITT 5: MASKE UMKEHREN

Deine Maske hat jetzt also noch nicht den Effekt, den wir uns wünschen: Sie ist komplett schwarz, bis auf deinen zuvor ausgewählten Schriftzug. Doch das lässt sich leicht beheben. Tippe auf die Ebenenmaske und dann auf „Umkehren“. Jetzt müsste deine Form eine Aussparung haben, die genau deinem Schriftzug entspricht. Du kannst dir das auch gern noch einmal in meinem Video anschauen.

SCHRITT 6: VERFEINERN

Male zum Schluss direkt auf der Ebenenmaske, um deinen Schriftzug auszuarbeiten.

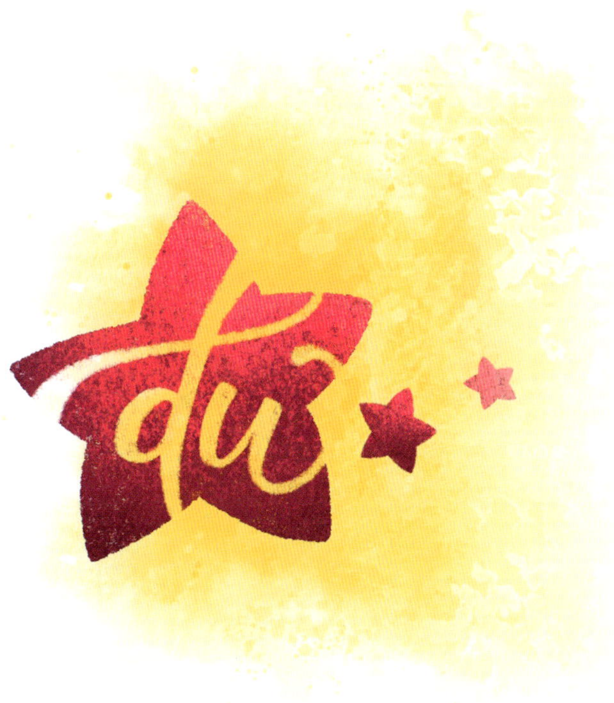

MASKEN

FRESCO

PROCREATE

ZERSTÖRUNGSFREI ARBEITEN

Du kannst deinen Schriftzug auf der Ebenenmaske gern weiterbearbeiten. Das Schöne an Ebenenmasken ist, dass du Teile der darunterliegenden Ebene verstecken kannst, ohne sie zu zerstören. Würdest du stattdessen den Radierer benutzen, wäre die Grafik futsch. Arbeitest du jedoch auf der Ebenenmaske, kannst du mit Weiß alles wieder zurückholen, keine Bildinformation geht verloren.

TIPP

Du hast in diesem Projekt erfahren, wie du einen bestehenden Schriftzug in eine Maske überführen kannst. Aber natürlich kannst du deine Schriftzüge auch direkt auf die Ebenenmaske malen. In diesem Beispiel unten habe ich die Maske nach dem Malen umgekehrt, sodass der Schriftzug die maskierte Ebene mit den Erdbeeren nicht verdeckt, sondern zum Vorschein bringt.

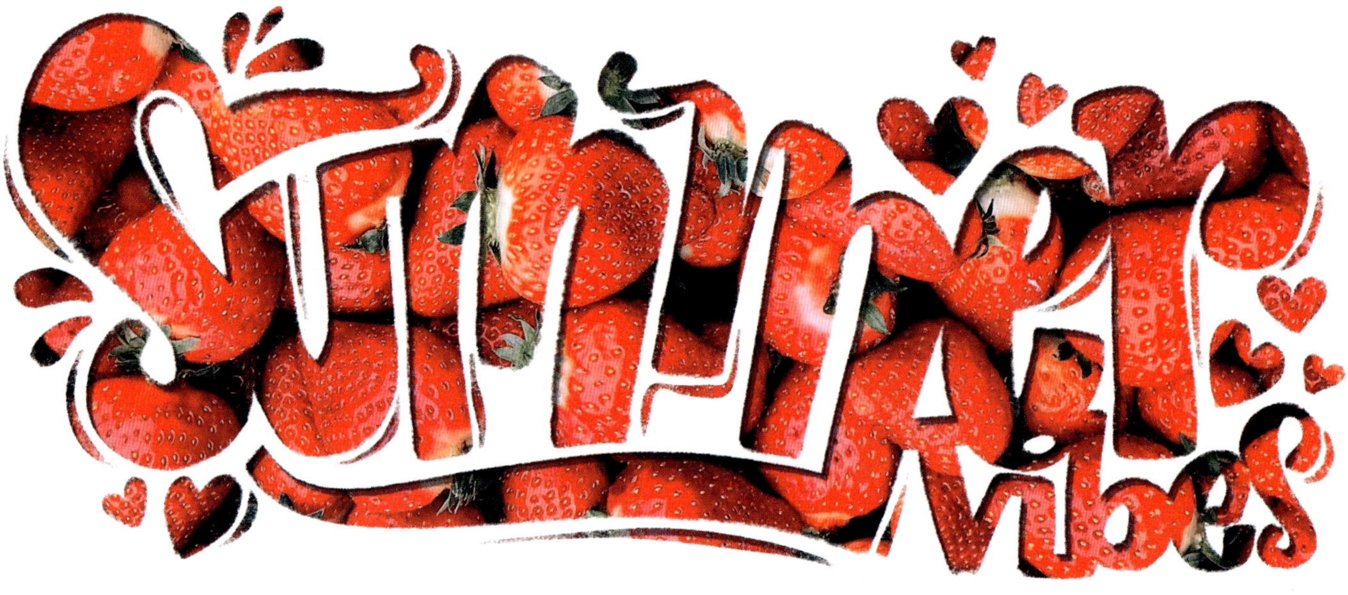

BONUSMATERIAL

Im ZIP-Ordner findest du das Bonusmaterial des Erdbeer-Letterings. Dort kannst du dir noch einmal genau ansehen, wie die Maske auf die Ebene wirkt. Hast du bemerkt, dass der Schriftzug auch einen Schatten nach innen wirft? Die Ebenen in der Datei verraten dir, wie ich das gemacht habe. Der Schatten ist nämlich eine verschobene Kopie der eigentlichen Maske – also des Schriftzuges selbst (siehe Seite 49). Die ursprüngliche Maske wird wiederum auf die Schattenebene angewendet, sodass der Schatten auf der weißen Fläche verschwindet und nur innerhalb der Buchstaben sichtbar bleibt.

Dir fehlt bei so viel Information im Moment der Durchblick? Öffne die unten im Sticker angegebene Grafik, importiere sie in deine Zeichenapp und blende die Masken ein paarmal ein und aus. Was du mit eigenen Augen siehst, bleibt dir besser im Gedächtnis!

DIGITALES BONUSMATERIAL
Summer_vibes.psd

NEW YORK

KLEINE ZWISCHENDURCH-ÜBUNG

MASKIEREN

Bevor wir uns dem nächsten Projekt widmen, möchte ich dir zeigen, wie praktisch und effektiv das Maskieren auch in einer weiteren Anwendung sein kann.

Importiere ein beliebiges Bild aus deiner Fotogalerie in deine Zeichenapp. Verwende dann das Textwerkzeug, um mit simplen Großbuchstaben ein Wort im Bild zu platzieren, das thematisch zum Foto passt. Hast du zum Beispiel etwas Leckeres zu essen fotografiert, könntest du „GENUSS" hineinschreiben, in eine Landschaft passt vielleicht der Ortsname. Nutze eine Farbe, die sich gut vom Hintergrund abhebt.

Rastere die Textebene, erstelle eine Ebenenmaske und maskiere die Buchstaben so, dass Objekte aus dem Foto die Buchstaben zu überdecken scheinen. Hast du mit schwarzem Pinsel zu viel eines Buchstabens entfernt, kannst du ihn mit Weiß wieder zurückholen. Probiere unterschiedliche Pinsel aus, um herauszufinden, mit welchen das Maskieren am besten gelingt. Ein kleiner Hinweis: Es hängt von dem Objekt ab, das du nach vorne holen willst.

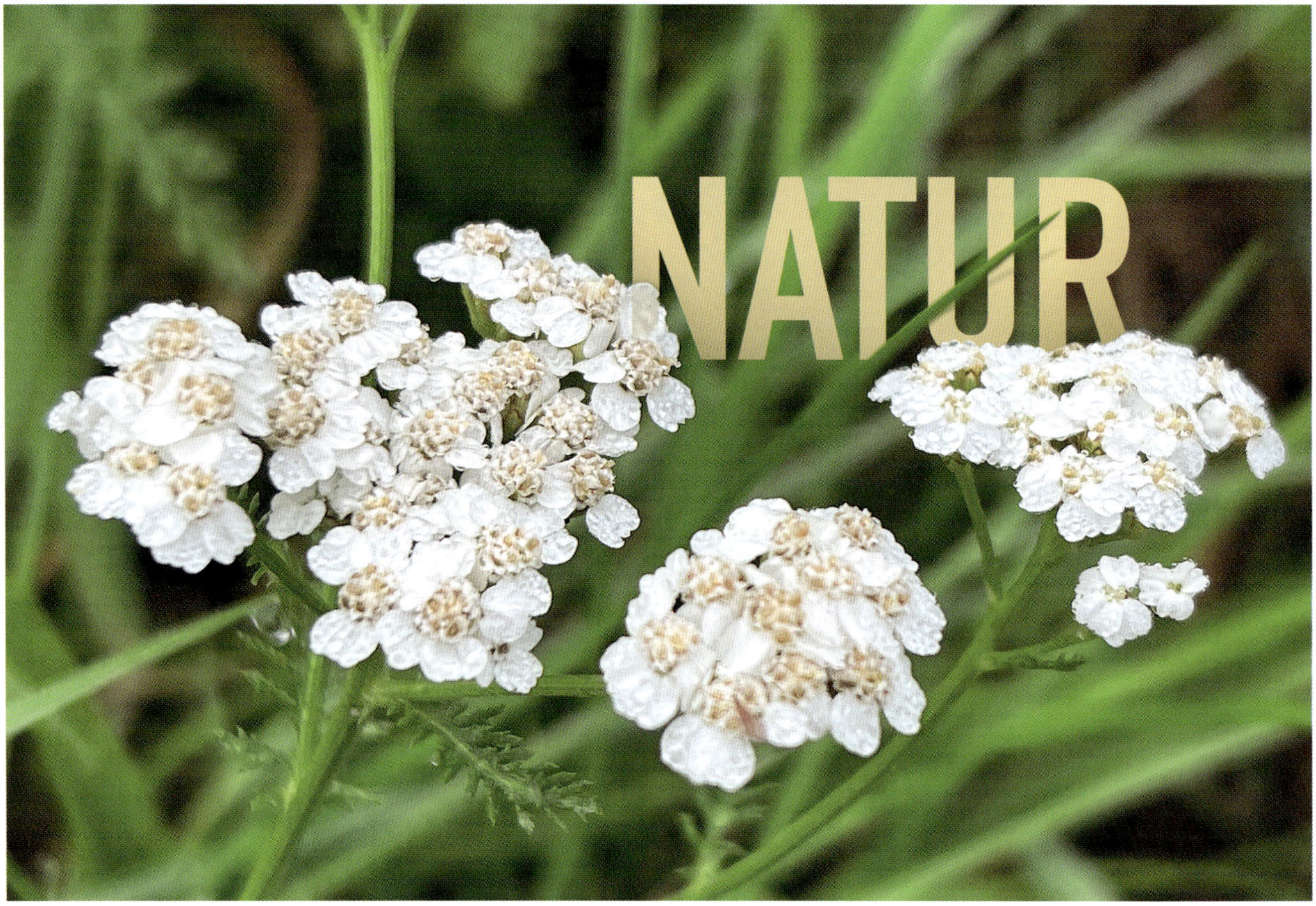

BILDUNG

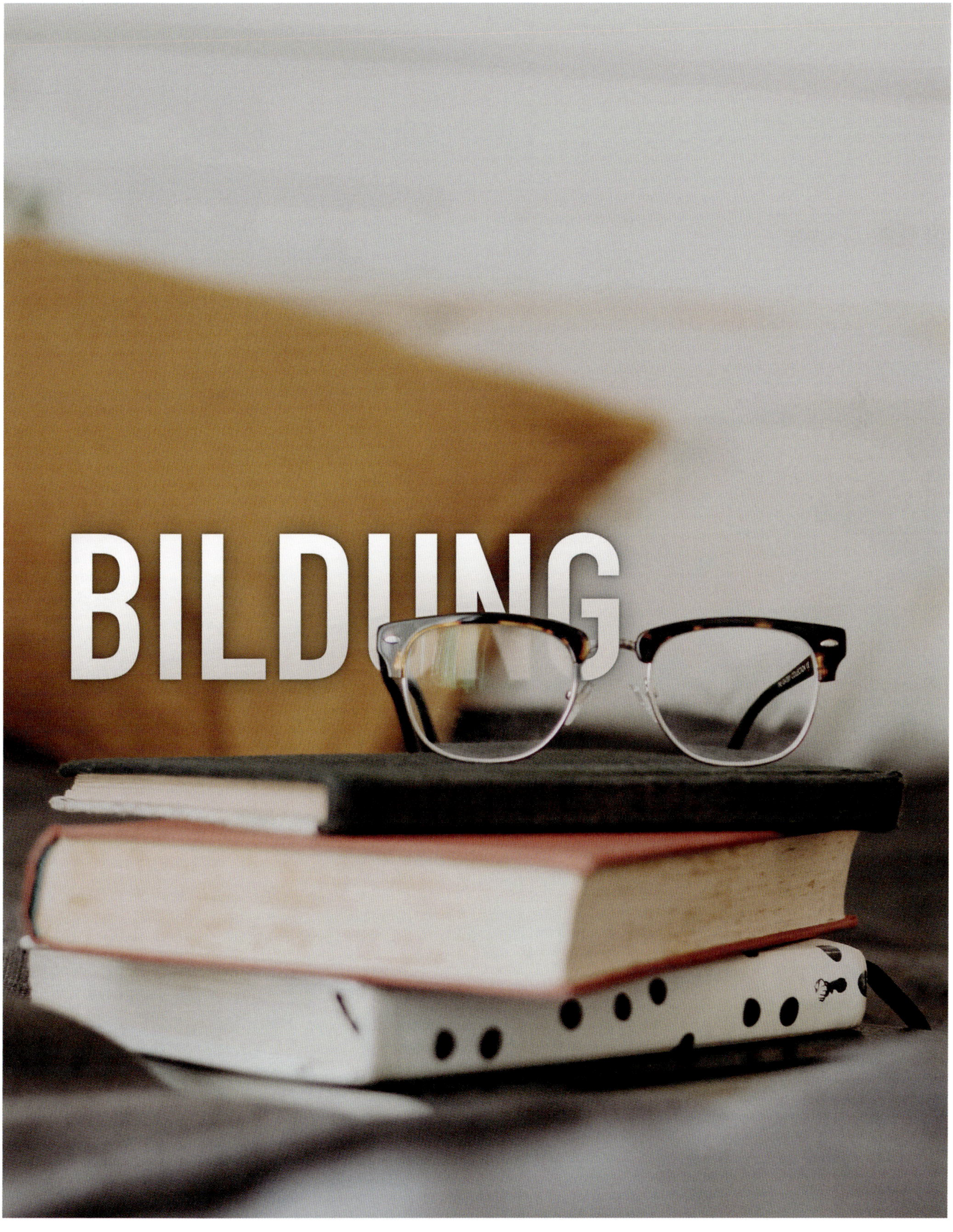

PROJEKT 4:

GO FOR IT

In diesem Projekt wollen wir uns verschiedene Methoden zum Einfärben aneignen. Natürlich kannst du direkt in deiner Wunschfarbe lettern. Es wird jedoch auch passieren, dass du eine Farbe deines Schriftzugs ändern oder sogar mehrere Farben kombinieren möchtest.

EIN ZIEL, VIELE WEGE

Die schnellste Methode, einen Schriftzug weiß einzufärben, geschieht in Procreate über die Anpassung der Helligkeit. Schiebst du den Regler ganz nach rechts, wird alles weiß. In der Gegenrichtung wird alles schwarz.

Möchtest du eine andere Farbe haben, stehen dir verschiedene Möglichkeiten zur Verfügung:

- das direkte Einfärben der Schriftzeichen (Color-Drop),
- das Einfärben einer Auswahl,
- die Anpassung von Farbe, Sättigung und Helligkeit,
- der Einsatz einer Clipping-Maske oder
- die Verwendung der Pixelsperre.

Du solltest diese Methoden unbedingt alle ausprobieren, denn du sammelst damit viele Erfahrungen, die du auch bei anderen Projekten anwenden kannst.

VORBEREITUNG

Male mit dem Skizzier-Pinsel einen roten und einen blauen Buchstaben. Sie sollten dieselbe Größe haben und sich ein wenig überlappen. Wir benutzen absichtlich einen Pinsel, der ausgefranste Ränder erzeugt, damit du sehen kannst, dass bei der Farbfüllung die Transparenz der Pixel berücksichtigt wird. Suche dir also bitte etwas Ähnliches aus, beispielsweise einen Blei- oder Buntstiftpinsel.

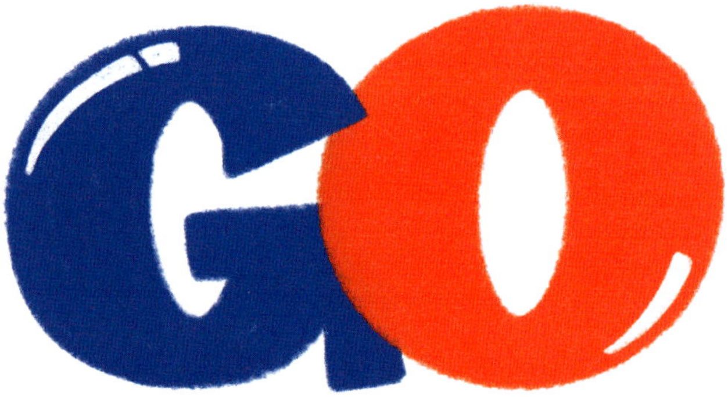

DIREKTES EINFÄRBEN MIT COLOR DROP

Achtung! Diese Methode empfehle ich eigentlich nicht, wenn deine Schrift ausgefranste Ränder hat oder aus sehr vielen Einzelteilen besteht. Dennoch probieren wir es aus, damit du siehst, was passiert.

Color-Drop kannst du dir wie das Auskippen eines Farbeimers auf eine Oberfläche vorstellen. Die Farbe breitet sich so lange aus, bis die Grenze des einzufärbenden Objekts erreicht ist.

COLOR DROP IN PROCREATE

Wähle eine dritte Farbe aus und ziehe dann das Icon für die Farbauswahl auf den roten Buchstaben. Lass noch nicht los, sondern verharre auf dem Buchstaben und beachte die Grenzwertanzeige direkt unterhalb der Menüleiste. Schiebe den Stift ohne abzusetzen nach links und rechts und beobachte, was mit deiner Farbfüllung passiert. Erst wenn du loslässt, tritt die Änderung in Kraft.

COLOR DROP IN FRESCO

Wähle eine dritte Farbe aus und tippe auf das Füllwerkzeug. Tippe dann auf den roten Buchstaben. Tippe anschließend auf das Icon für die Farbrand-Einstellung und schiebe den Regler nach oben und unten. Dabei kannst du beobachten, welche Auswirkung deine Einstellung auf die Füllung hat.

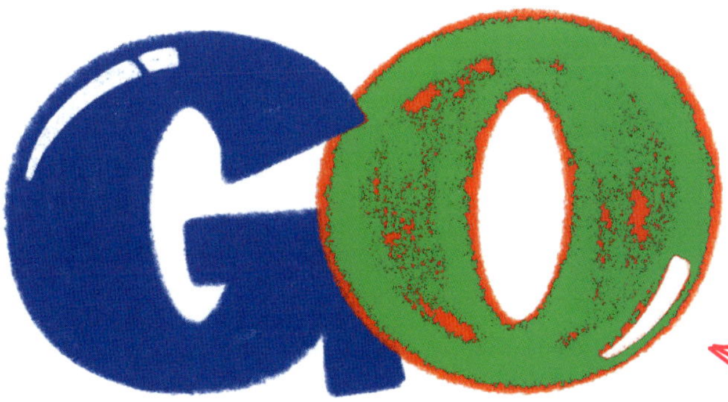

Ist der Schwellwert zu niedrig eingestellt, werden Texturen und ausgefranste Ränder nicht vollständig eingefärbt.

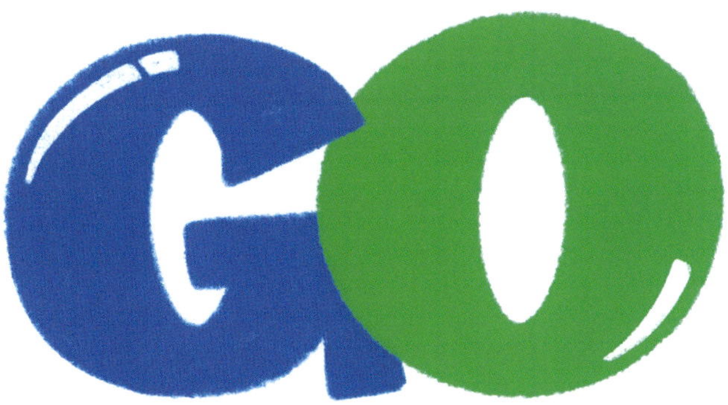

Mit einem hohen Schwellwert werden eventuell auch andersfarbige Bereiche mit eingefärbt.

COLOR DROP

FRESCO PROCREATE

EINFÄRBEN ÜBER FARBTON, SÄTTIGUNG UND HELLIGKEIT

Achtung! Diese Methode funktioniert nicht bei weißer oder schwarzer Schrift. Weiche hier auf eine der anderen Methoden aus.

FARBTON, SÄTTIGUNG UND HELLIGKEIT IN PROCREATE

Öffne die Funktion „Farbton, Sättigung, Helligkeit“ unter dem Menüpunkt „Anpassungen“. Spiele mit den Reglern und beobachte, wie sich deine Änderungen auf die gesamte Ebene auswirken. Schau dir dazu auch gern mein Video an.

FARBTON, SÄTTIGUNG UND HELLIGKEIT IN FRESCO

Öffne die Funktion „Erscheinungsbild“ mittels des Icons in der Menüleiste am rechten Bildschirmrand. Verschiebe die Regler, um zu sehen, wie sich die Färbung deiner Ebene ändert.

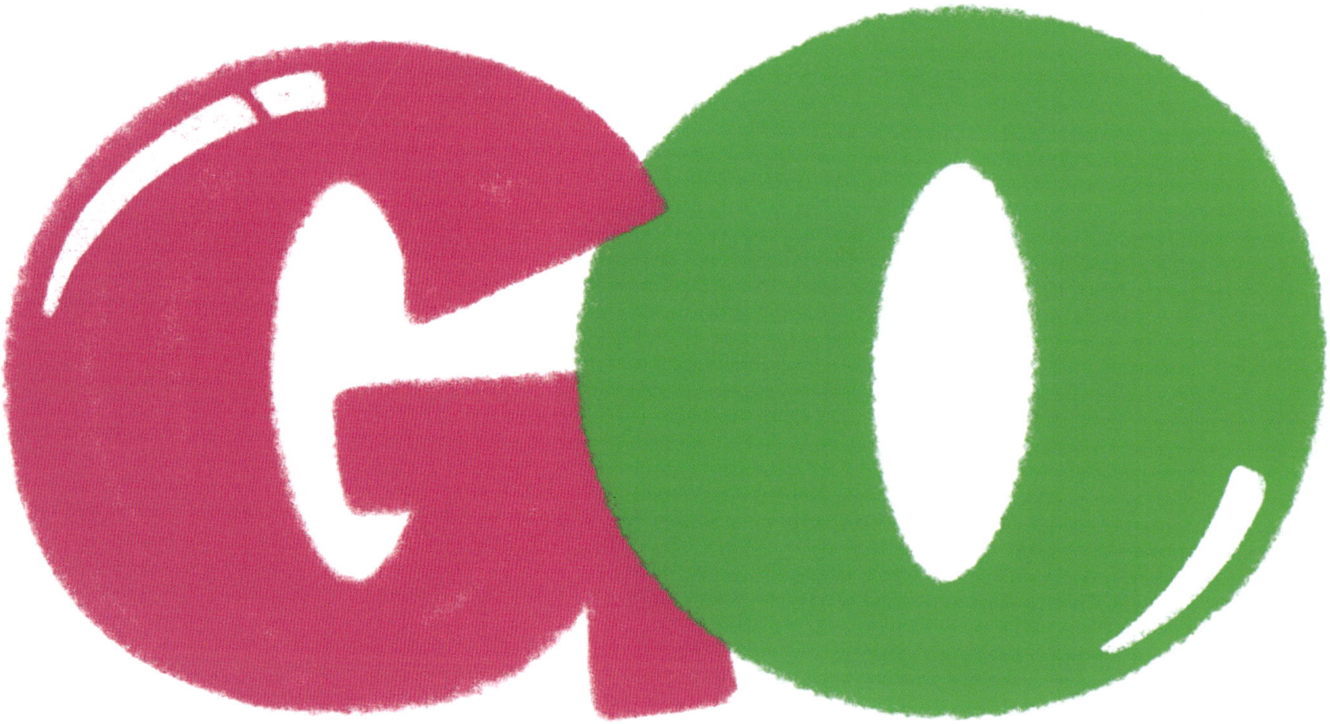

Ausgefranste Kanten oder Verläufe haben keinen negativen Effekt auf die Anwendung der Einstellungen. Alle gesetzten Bildpunkte sind gleichermaßen von den Änderungen betroffen.

ANPASSUNGEN

FRESCO PROCREATE

EINFÄRBEN MIT CLIPPING-MASKE

Die Clipping-Maske ist eine Funktion, die es dir erlaubt, den sichtbaren Bereich einer Ebene auf den Inhalt einer anderen Ebene zu beschränken. Das bedeutet, dass die Bildpunkte der Clipping-Maske die Transparenz der darunterliegenden Pixel übernehmen.

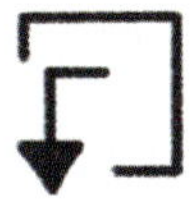

Lege eine neue Ebene über deinen Buchstaben an und färbe sie mittels Color Drop komplett grün ein. Tippe nun im Ebenenmenü auf eine neue Ebene und wähle „Clipping-Maske“ (Procreate) oder tippe auf das Icon für Clipping-Maske (Fresco). Die Clipping-Maske wird mit der darunterliegenden Ebene verknüpft.

In unserem Beispiel bedeutet dies, dass die Maske nun auf die darunterliegenden Pixel „zugeschnitten“ wird – deine Buchstaben wirken grün. Die Farben, die du ihnen zuvor gegeben hast, sind aber nicht verloren. Du kannst jederzeit darauf zurückgreifen, zum Beispiel, indem du die Clipping-Maske löschst.

Diese Funktion ist aber nicht zur zum Einfärben nützlich! Du kannst auf dieser Ebene nämlich auch malen, lettern, schattieren und sogar Muster oder Fotos einfügen. Zudem kannst du die Transparenz ändern oder eine andere Art der Überlagerung auswählen. Es ist auch möglich, mehrere Clipping-Masken gleichzeitig auf eine darunterliegende Ebene anzuwenden. Die Clipping-Maske wird auch bei unseren weiteren Lettering-Projekten zum Einsatz kommen.

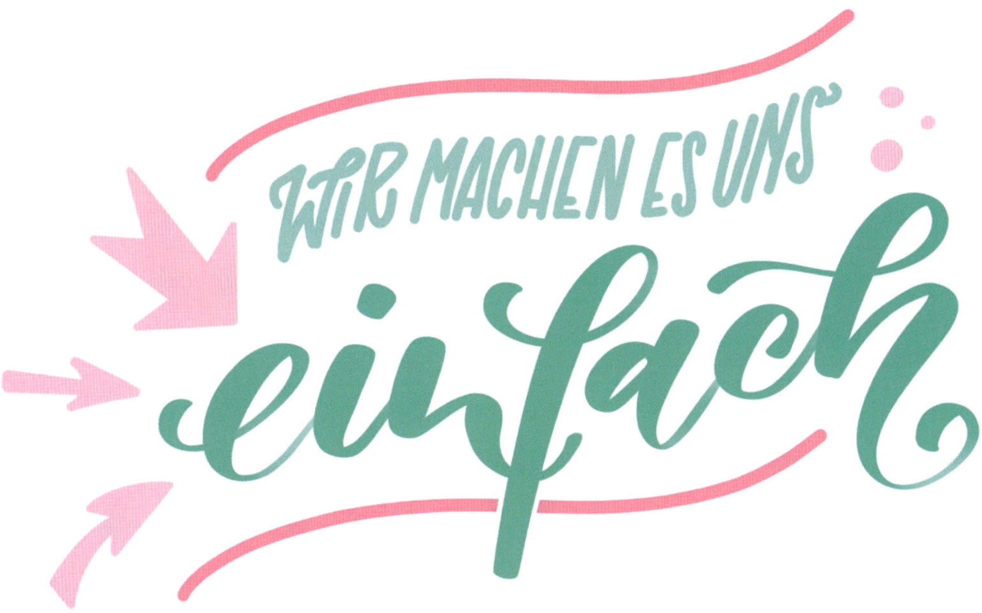

MASKEN

FRESCO PROCREATE

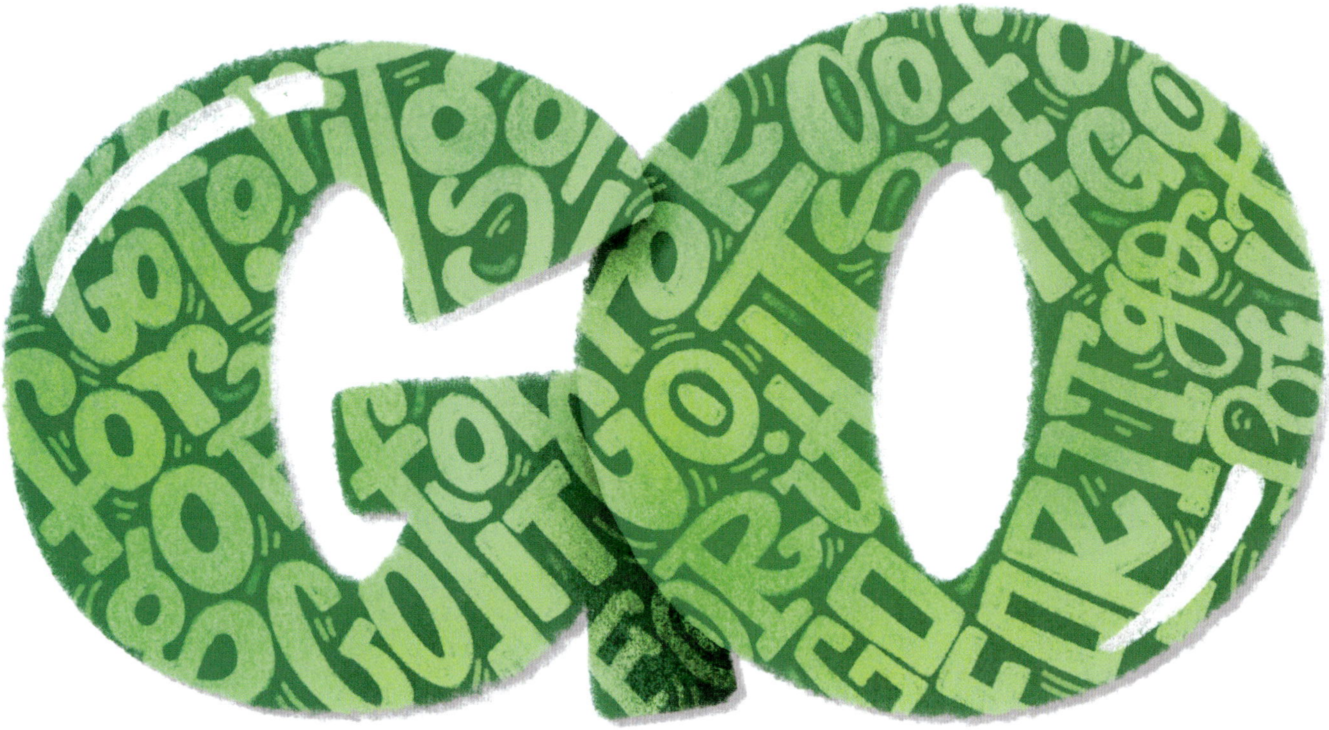

Dieses Beispiel zeigt den Einsatz zweier Clipping-Masken, die gleichzeitig auf die Ebene mit dem Lettering angewendet werden. Auf der ersten habe ich die grünen Schriftzüge gelettert. Auf einer weiteren habe ich schattiert und leichte Farbverläufe eingearbeitet. Dank der Ebenen ist es möglich, den Schriftzug, das Muster, die Farben sowie die Schattierung unabhängig voneinander zu verändern, was die Arbeit an einer solchen Grafik enorm erleichtert.

BONUSMATERIAL

Du findest die Datei im ZIP-Ordner. Importiere sie in deine Zeichenapp, um dir die fertigen Ebenen anzusehen. Vielleicht möchtest du sie verändern?

DIGITALES BONUSMATERIAL
Gomoku-Clipping-Maske.psd

EINFÄRBEN MIT DER PIXELSPERRE

Mit der Pixelsperre beschränkst du den Einflussbereich deiner Manipulationen auf diejenigen Pixel, die nicht transparent sind. Das heißt, du kannst nur Änderungen an bereits gezeichneten, eingefärbten Pixeln vornehmen. Allerdings bearbeitest du die Ebene direkt, somit ist eine nachträgliche Änderung schwierig. Was du an Bildinformationen übermalst, ist verloren, lediglich die Form bleibt erhalten.

Bei einer eingefärbten Fläche ist das nicht dramatisch. Aber stelle dir vor, du würdest auf einem schönen Foto lettern. Wenn du dies direkt auf der Fotoebene tust, könntest du von deinen Buchstaben nichts wegradieren, ohne ein „Loch“ im Foto zu verursachen. Nutze die Pixelsperre also gern auf Formen und Flächen, weiche bei Fotos oder aufwändig gearbeiteten Ebenen aber lieber auf die Clipping-Maske aus.

TIPP

Du hast dein Lettering weiterbearbeitet und die ursprünglichen Buchstaben nicht mehr parat? Keine Sorge, du musst die Buchstaben nicht neu malen. Dupliziere dein Bild in der Bildergalerie, führe alle Ebenen zu einer zusammen und reduziere die Helligkeit auf ein Minimum. So ist dein Schriftzug in Schwarz bereit für die weitere Bearbeitung.

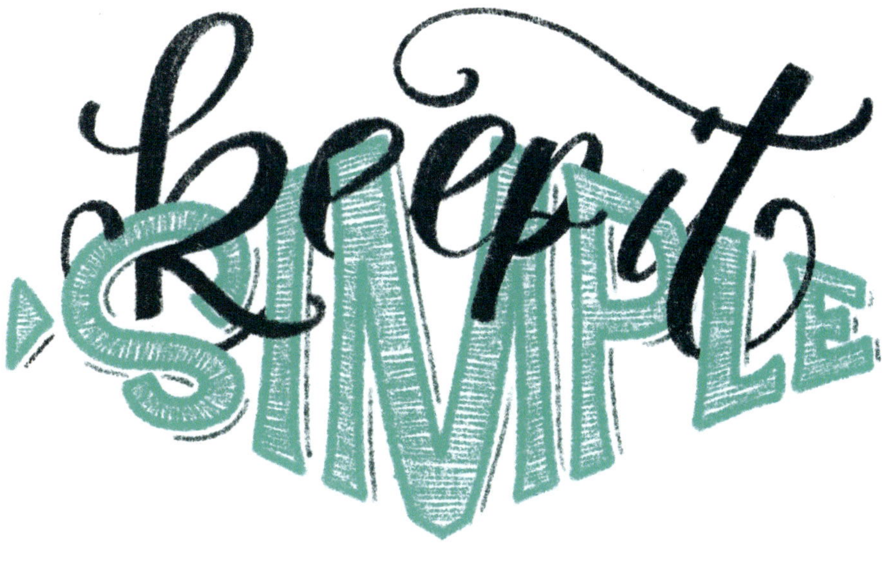

EBENEN

FRESCO PROCREATE

KREATIVES ÜBEN MIT DER PIXELSPERRE

Wir verwenden zum Üben wieder den Schriftzug „GO“ (siehe „Vorbereitung“, S. 64).

Schalte im Ebenenmenü für die Ebene mit dem Schriftzug „GO“ die Alphasperre (Procreate) oder „Transparenz sperren“ (Fresco) ein. Jetzt kannst du mit einem beliebigen Pinsel auf dieser Ebene malen – nur dein Schriftzug wird eingefärbt.

Mein Beispiel weiter unten zeigt gemusterte Großbuchstaben mit 3D-Effekt – ich habe das Muster mit Hilfe der Pixelsperre erstellt. Dabei habe ich die Kreise nicht etwa einzeln aufgemalt, sondern einen entsprechenden Texturpinsel verwendet.

Den roten Schriftzug habe ich zuerst ganz normal gelettert und anschließend mit Hilfe der Ebenenmaske teilweise hinter den anderen Buchstaben versteckt. Für die Schatten, welche die Buchstaben „GO“ werfen, habe ich eine Clipping-Maske oberhalb des roten Schriftzuges erstellt und die entsprechenden Bereiche mit schwarzem Airbrush-Pinsel abgedunkelt. Mit der Pixelsperre konnte ich zum Schluss noch einen Farbverlauf mit Gelb und Orange direkt auf den roten Lettern kreieren. Das hätte auch mit einer zusätzlichen Clipping-Maske geklappt.

Gomoku ist übrigens der japanische Name für das beliebte Spiel „Fünf in einer Reihe“. Die Kreise, die sich im Muster wiederholen, sollen an die Spielsteine erinnern.

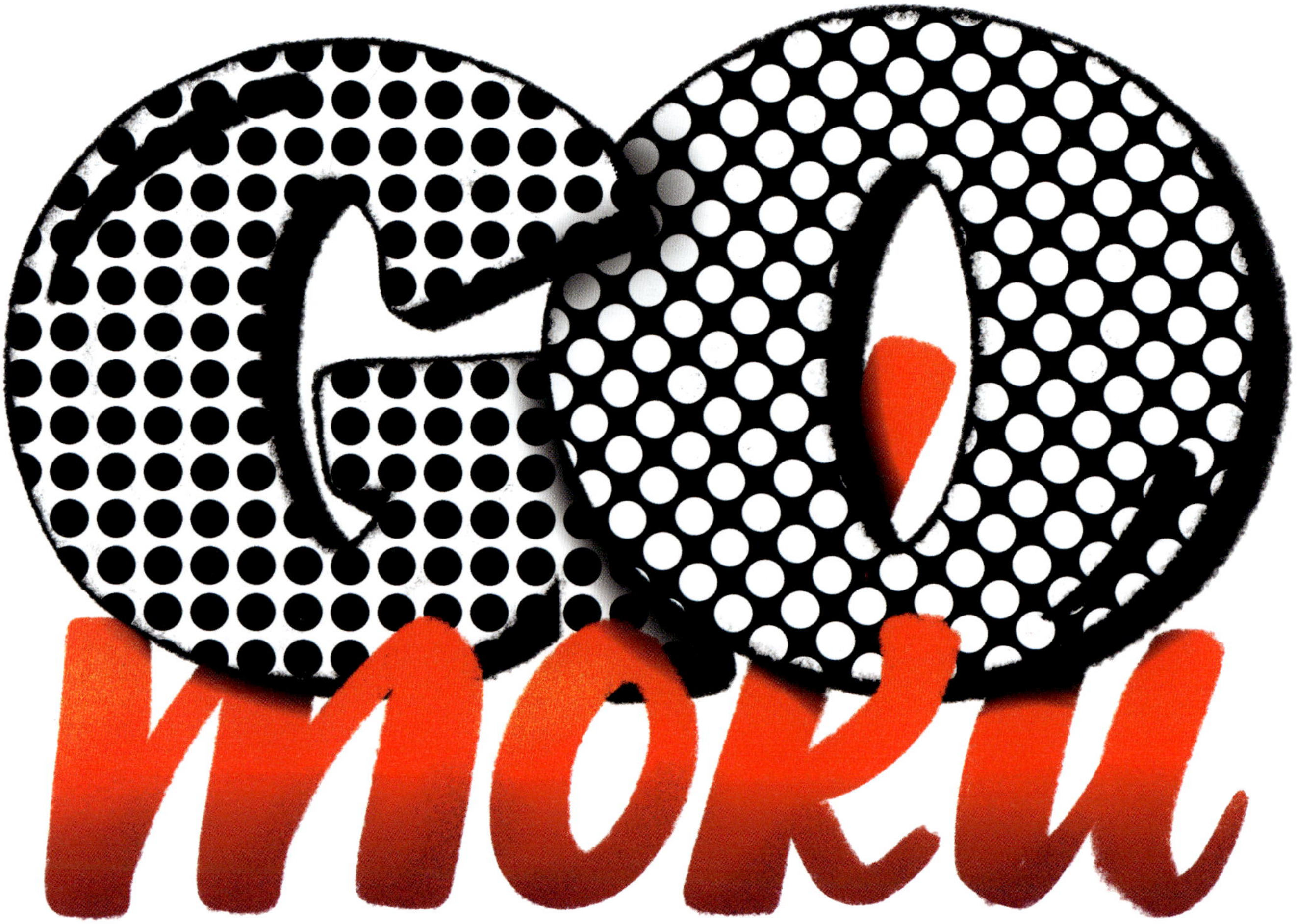

BONUSMATERIAL

Du findest, das klingt nach ziemlich vielen Ebenen? Da hast du recht, es sammeln sich einige davon an, je länger du an einem Lettering arbeitest. Um den Überblick nicht zu verlieren, kannst du die Ebenen benennen. Zusätzlich helfen dir die kleinen Vorschaubilder an den Ebenen, die richtige zu finden, wenn du sie noch einmal bearbeiten willst. An dieser Stelle empfehle ich dir nochmals dringend, für die beschriebenen Schritte stets Ebenen zu verwenden, da dies die Arbeit enorm erleichtert.

Schau dir gerne meine Ebenen im fertigen Bild an. Und wenn du magst, kannst du sie auch direkt bearbeiten und deine eigenen Ideen ausprobieren. Du findest das Material wie immer im ZIP-Ordner.

DIGITALES BONUSMATERIAL
Gomoku-Pixelsperre.psd

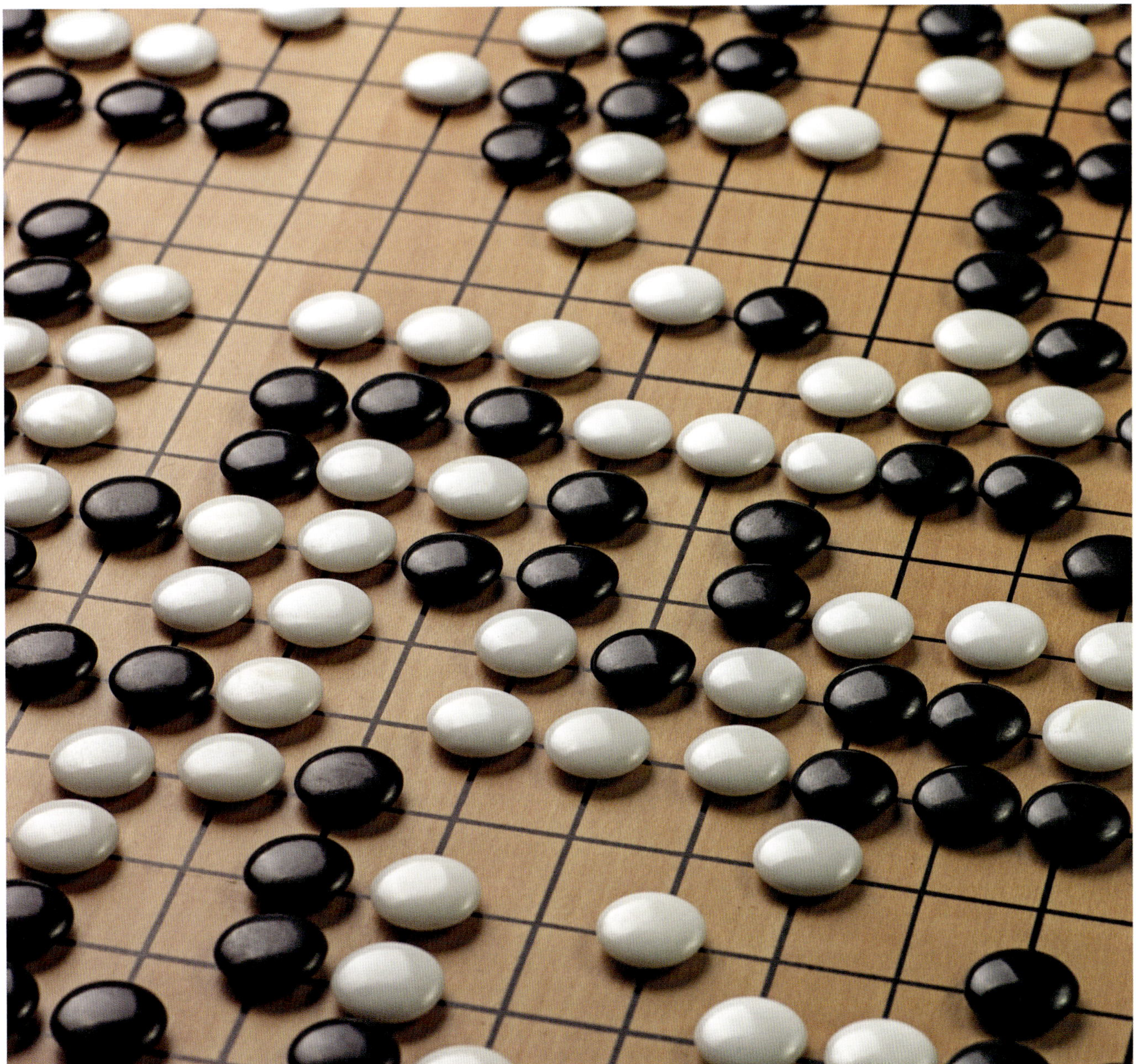

KLEINE ZWISCHENDURCH-ÜBUNG

MIT VERZIERUNGEN SPIELEN

Wenn du deine Buchstaben auf einer neuen Ebene umrandest und die Farbebene anschließend ausblendest, kannst du die so gewonnenen Outlines mit einem dekorativen Innenleben ausstatten. Male deine Verzierungen immer auf einer separaten Ebene, damit du sie unabhängig von deinem Schriftzug bearbeiten kannst.

Hier siehst du ein kleines Beispiel, das du gern in einem neuen Projekt ausprobieren kannst. Male einen Buchstaben oder Schriftzug, den du verzieren möchtest. Lege dann auf einer neuen Ebene einen dicken Farbverlauf an. Du brauchst dich nicht darum zu kümmern, ob du über die Ränder deines Buchstabens hinausmalst. Radiere anschließend den Überstand einfach weg. Die Outlines bleiben dabei unangetastet, sodass du keine Sorge haben musst, sie versehentlich mit wegzuradieren.

Buchstabenverzierungen müssen gar nicht besonders aufwendig sein. Oft reichen einige Linien, um einen Schriftzug aufzupeppen. Das Alphabet auf der nächsten Seite zeigt einige Beispiele wie Verläufe, Innenlinien, Muster und Highlights.

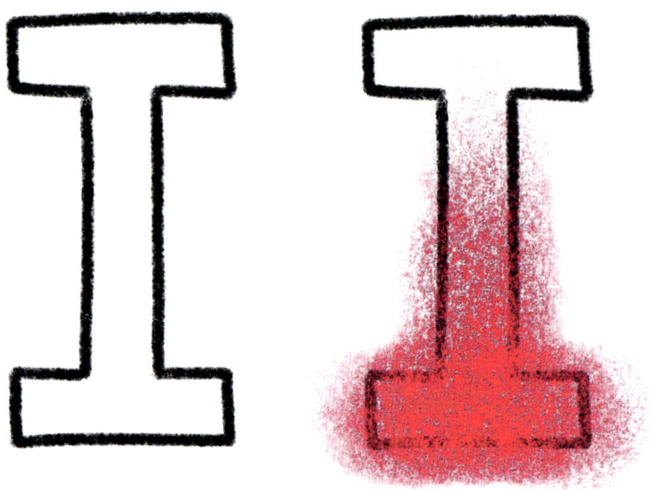

DEKO-TIPPS

FRESCO

PROCREATE

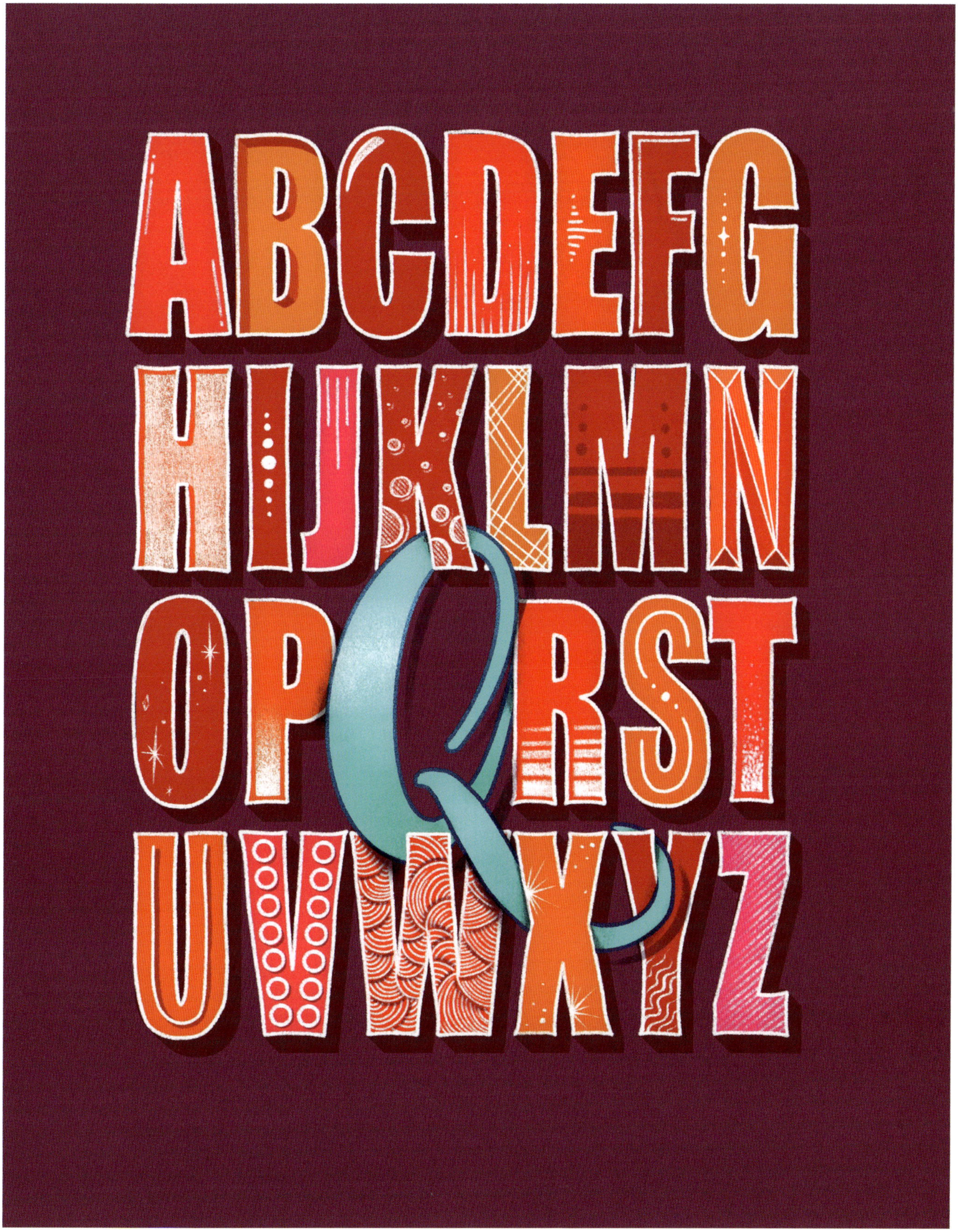
ABCDEFG
HIJKLMN
OPQRST
UVWXYZ

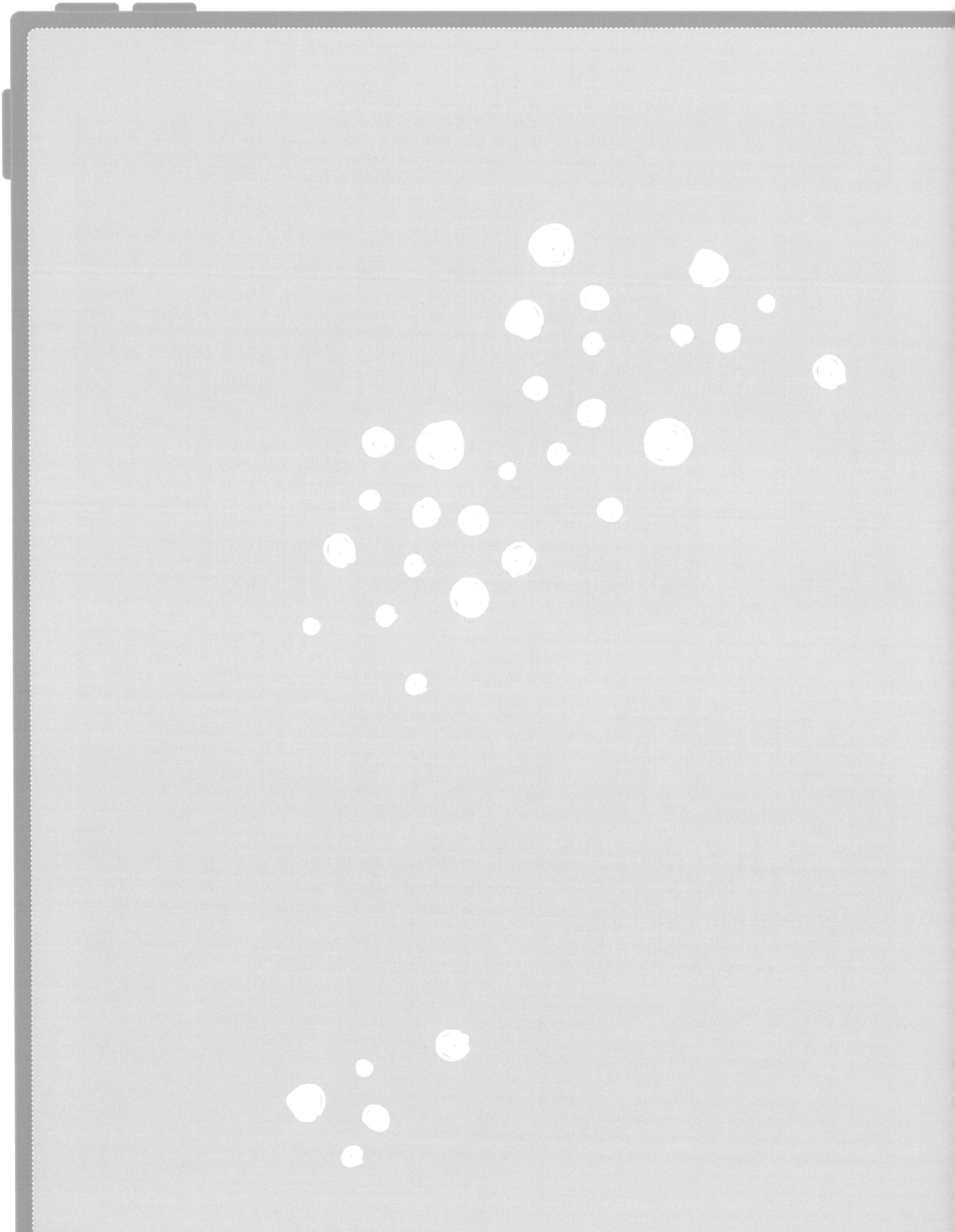

KAPITEL 2

TECHNIKEN ANWENDEN

PROJEKT 5:
KRATZBILD

Vielleicht kennst du das noch aus deiner Grundschulzeit? Du färbst zuerst ein Blatt Papier mit bunten Farben ein und übermalst dann alles mit schwarzem Wachsmalstift. Anschließend „malst" du durch das Wegkratzen der schwarzen Farbe wieder ein buntes Bild. Jetzt, da du dich mit Ebenenmasken auskennst, kannst du diesen Effekt digital nachahmen – ganz ohne schwarze Krümel überall um dich herum.

SCHRITT 1: FARBIGEN HINTERGRUND ANLEGEN

Lege eine neue Leinwand an und gestalte eine Ebene farbig. Ob du Streifen oder Kreise malst, pastellig oder neonfarben, spielt keine Rolle. Mach es so, wie es dir gefällt. Ich habe für mein Beispiel einen weichen Pinsel aus der Kategorie Airbrush verwendet und zum Schluss noch die Gauß'sche Unschärfe unter dem Zauberstab-Werkzeug in der oberen Menüleiste eingesetzt (Procreate). In Fresco musst du auf den Verwisch-Pinsel zurückgreifen, um die Farbübergänge weich zu gestalten.

Mein Farbauftrag

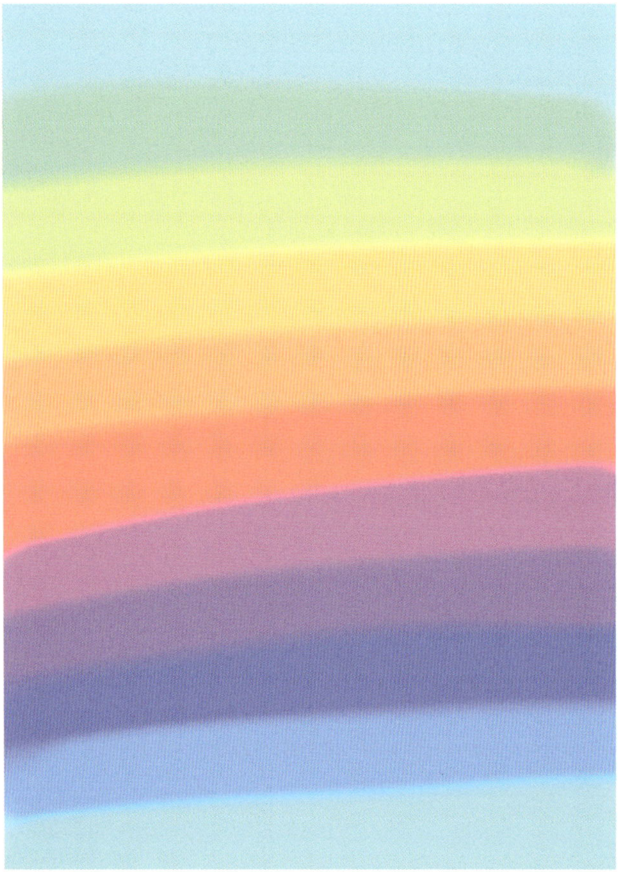

Das Weichzeichnen kannst du auch überspringen

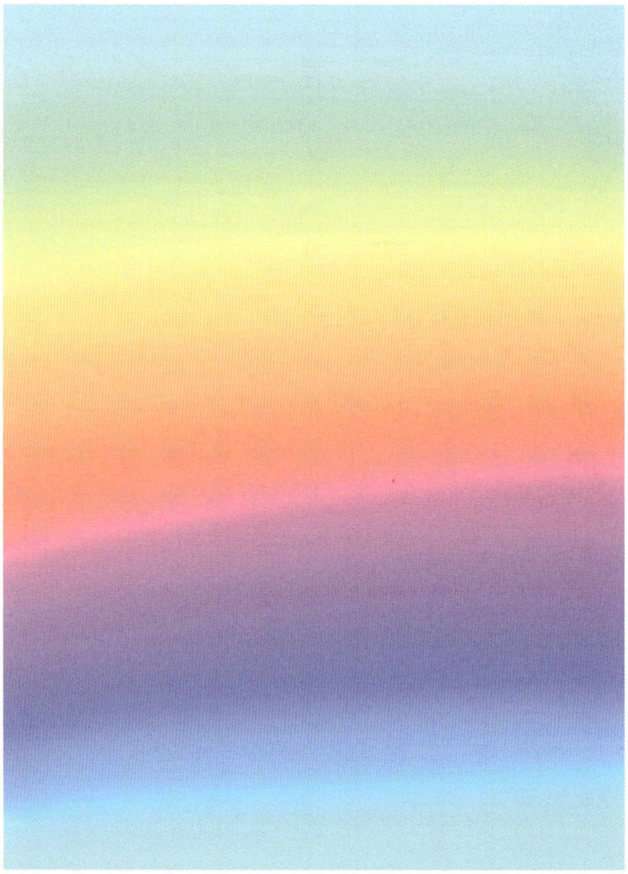

SCHRITT 2: KRATZEBENE ANLEGEN

Lege eine neue Ebene an und färbe sie komplett in einer dunklen Farbe ein. Ich habe mich für ein dunkles Blau entschieden. Füge anschließend eine Ebenenmaske zu dieser hinzu und wähle einen Strukturpinsel, beispielsweise einen Wachsmalstift. Nun kannst du damit deine bunte Ebene stellenweise wieder zum Vorschein bringen. Probiere es aus!

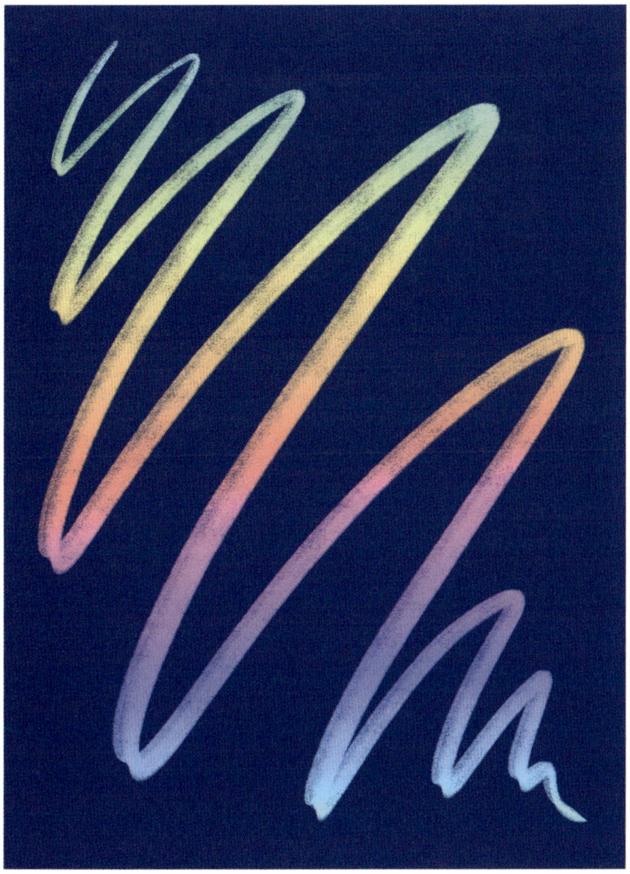

Du siehst an meiner Skizze, dass diese Planung sehr grob ist. Ab dem Wort „Magie“ habe ich den Rest des Schriftzugs relativ stark an diesem Wort, insbesondere am Verlauf der Schlaufe des „g“, ausgerichtet.

SCHRITT 3: LETTERING PLANEN

Zunächst brauchen wir für unser Lettering natürlich einen schönen Spruch. Folgenden habe ich ausgesucht: Es liegt **Magie** in jedem **Neubeginn**. Die Worte, die hier fettgedruckt sind, möchte ich im Lettering durch ihre Größe hervorheben. Daher bekommt jedes eine eigene Zeile, sodass beide richtig viel Platz haben.

Hier siehst du die Skizze, die ich auf einer neuen Ebene gemalt habe. Alle anderen Ebenen sind ausgeblendet.

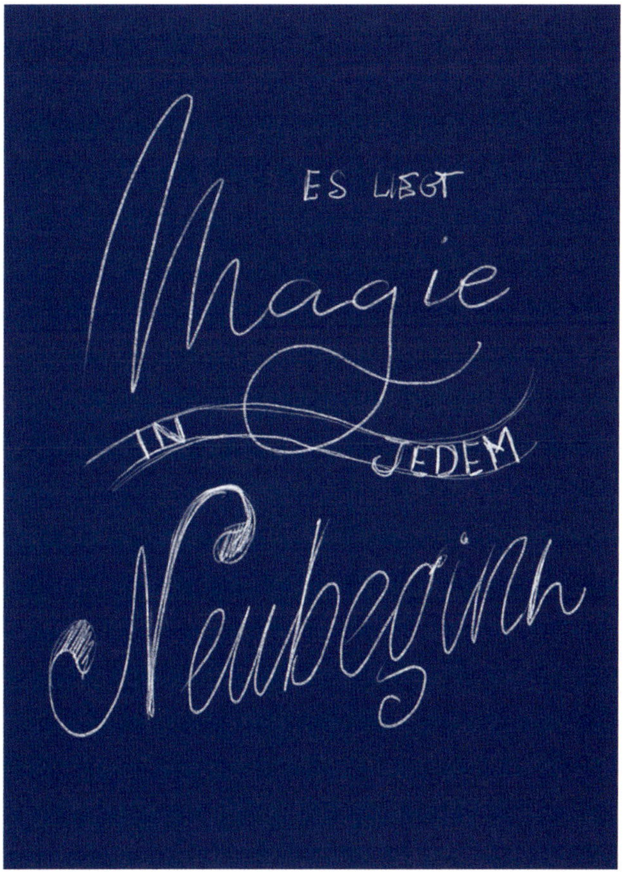

Lege jetzt deine eigene Skizze an und folge bei der Gestaltung einfach deiner Intuition. Das Schöne am digitalen Lettern ist, dass du einzelne Teile jederzeit verschieben oder skalieren kannst. Nutze deine Skizzenebene, um die Buchstabenformen, ihre Position sowie die Größe festzulegen, aber verliere dich nicht in Details. Dann tut es auch nicht weh, eine Idee zu verwerfen oder sogar noch einmal ganz von vorn anzufangen.

EXKURS

LETTERN AUF SCHRÄGEN ODER GEBOGENEN GRUNDLINIEN

SCHRÄG VERLAUFENDE GRUNDLINIE

Möchtest du ein Wort auf eine schräg verlaufende Linie setzen, gibt es ein paar wichtige Dinge zu beachten, um sicherzustellen, dass deine Buchstaben harmonisch ausgerichtet sind.

- **Ausrichtung der Linie:** Die Linie, auf der deine Buchstaben sitzen, sollte entsprechend der Leserichtung von links nach rechts ansteigen. Wenn die Linie andersherum verläuft, wirkt es, als würden die Buchstaben nach rechts herunterfallen.
- **Neigung der Buchstaben:** Die vertikalen Striche der Buchstaben sollten nicht einfach senkrecht zur Grundlinie verlaufen. Dies könnte den Eindruck erwecken, als würden die Buchstaben ihr Gleichgewicht verlieren und nach links kippen. Stattdessen ist es besser, die Buchstabenachse parallel zum Bildrand, also geradewegs von oben nach unten auszurichten.

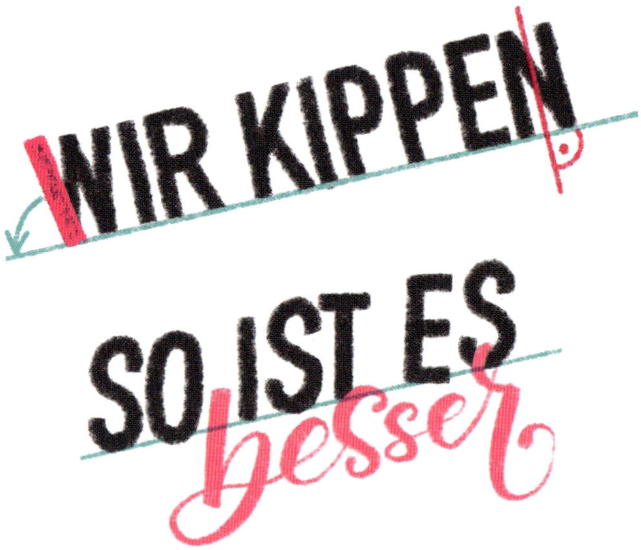

GEBOGENE GRUNDLINIE

Möchtest du deine Buchstaben entlang einer gebogenen Linie ausrichten, kannst du mit drei einfachen Arbeitsschritten sicherstellen, dass sie harmonisch und dynamisch aussehen. Hier ist eine Schritt-für-Schritt-Anleitung:

- Beginne damit, deine gebogene Grundlinie zu zeichnen. Achte darauf, dass sie die gewünschte Kurve und Dynamik hat. Dupliziere sie und schiebe die Kopie etwas nach oben – diese Linie nennt sich Oberlänge und definiert die Buchstabenhöhe. Ein weiteres Duplikat dient als Mittellinie, muss aber nicht exakt in der Mitte liegen. Verschiebe sie in das obere oder untere Drittel des Bereichs zwischen Grundlinie und Oberlänge, um daran die Querbalken deiner Buchstaben auszurichten.

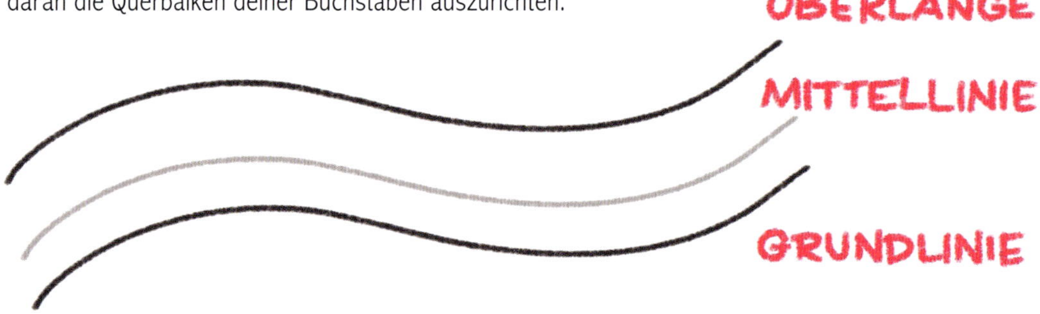

- Skizziere grob die Buchstaben entlang der gebogenen Linie. Achte darauf, genügend Platz zwischen den Buchstaben zu lassen, um eine gute Lesbarkeit zu gewährleisten und sie später gegebenenfalls dicker auszuformen. Achte dabei auf die die vertikalen Striche der Buchstaben, die Buchstabenachsen: Entweder sollten sie parallel zueinander von oben nach unten verlaufen. Oder aber, für mehr Dynamik, jeweils senkrecht zur Grundlinie. Die letztere Variante siehst du in meinem Espresso-Beispiel.
- Erarbeite den vollständigen Schriftzug dann auf einer neuen Ebene und orientiere dich an den Hilfslinien und deinem skizzierten Buchstabenskelett. Achte darauf, dass die Buchstabenstriche zueinander proportional sind und der Abstand zwischen den Buchstaben gut ausbalanciert ist.

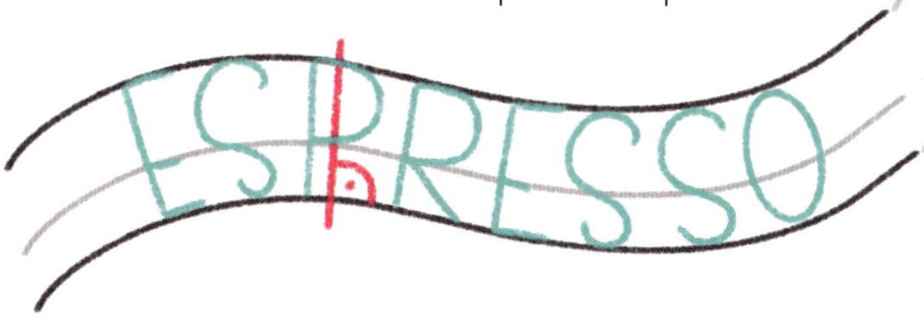

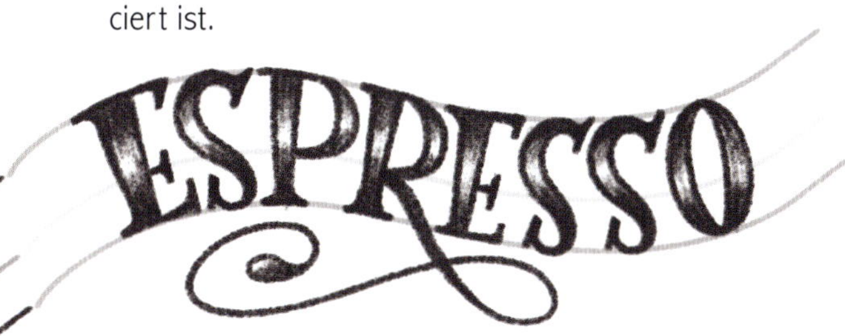

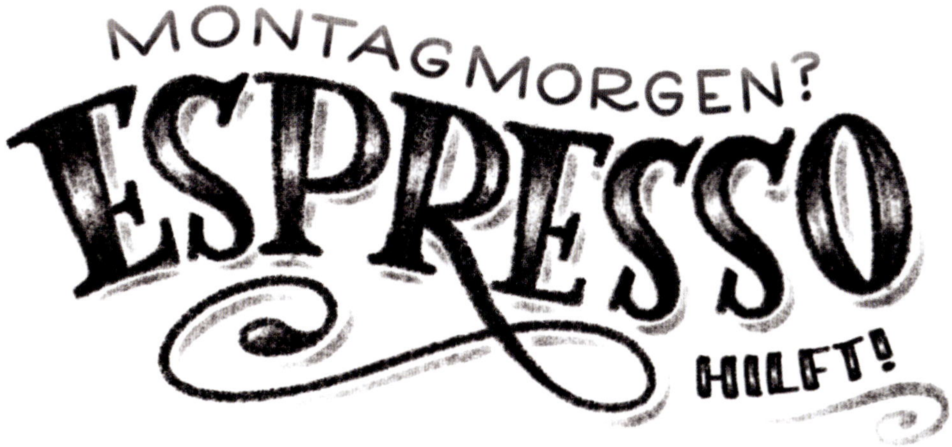

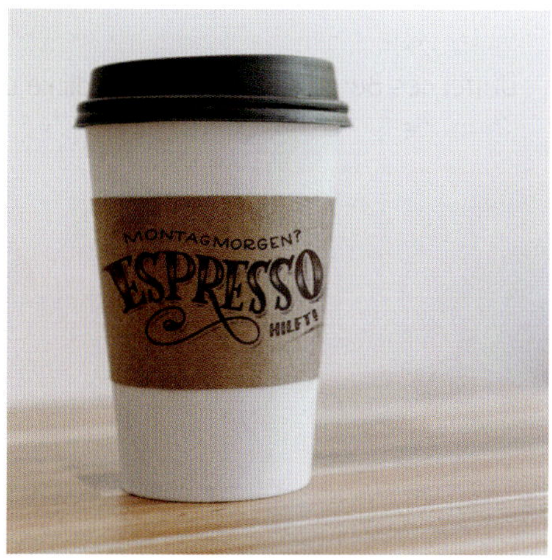

Wie du dein fertiges Lettering auf ein Foto legen kannst, erfährst du in Projekt 9 ab Seite 102ff.

KREIS UND BOGEN

Beim Lettern im Kreis oder Bogen kannst du genauso vorgehen wie beim Lettern auf einer gebogenen Grundlinie. Auch hier sehen die Buchstaben gut aus, wenn ihre Achsen senkrecht oder aber in Richtung Kreismitte verlaufen. Was besser passt, hängt unter anderem vom Verhältnis der Schriftgröße zum Kreisumfang ab. Probieren geht über studieren!

TIPP

Dein Zeichenprogramm kann dich beim Ausrichten der Buchstabenachsen in Richtung Kreismitte mit einer Zeichenhilfe unterstützen. Wähle den Modus Perspektive aus – du findest ihn bei Procreate im Menü unter Aktionen, bei Fresco unter dem Rastericon am Bildschirmrand. Setze dann einen einzigen Fluchtpunkt in die Mitte des Kreises. Nun siehst du Linien, an denen du die Buchstaben ausrichten kannst.

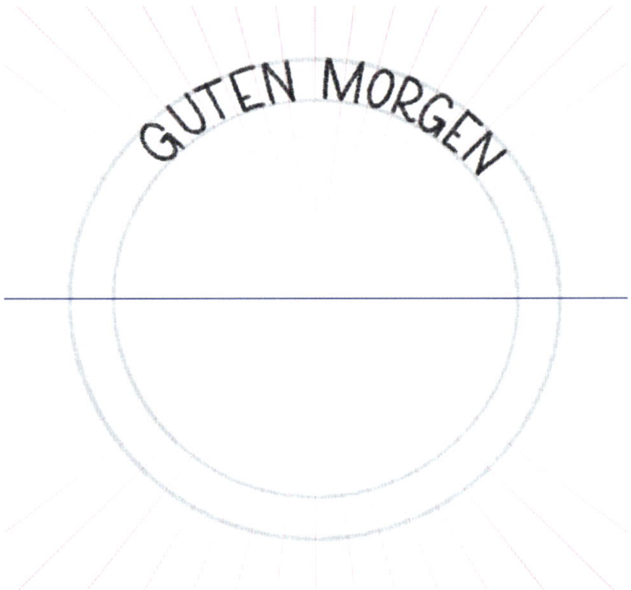

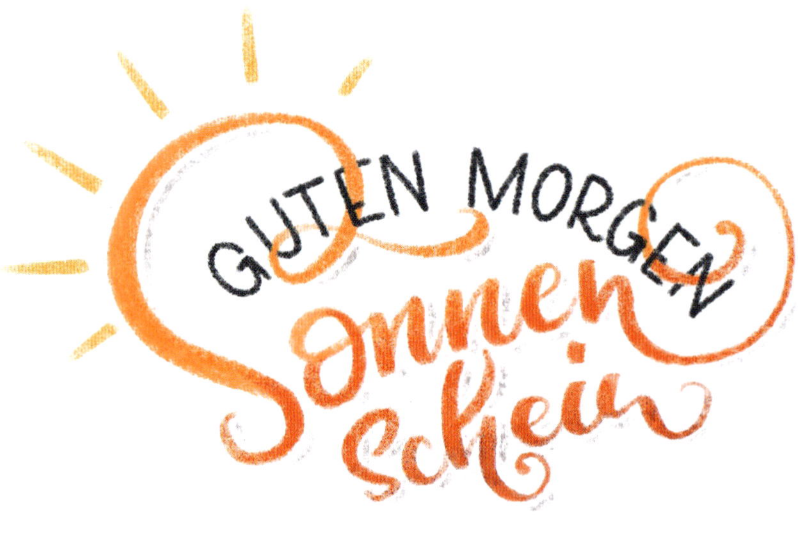

BONUSMATERIAL

An dieser Stelle habe ich mir etwas ganz Besonderes für dich ausgedacht. Im ZIP-Ordner findest du ein Pinselset, welches dir die Erstellung von Hilfslinien abnimmt. Wenn du zum Beispiel eine schräge oder gebogene Grundlinie brauchst, wählst du aus dem Set einfach den entsprechenden Pinsel und tupfst die Hilfsgrafik auf. Anschließend kannst du sie skalieren und drehen, sodass sie in dein Layout passt.

DIGITALES BONUSMATERIAL
Layout-Blöcke.brushset

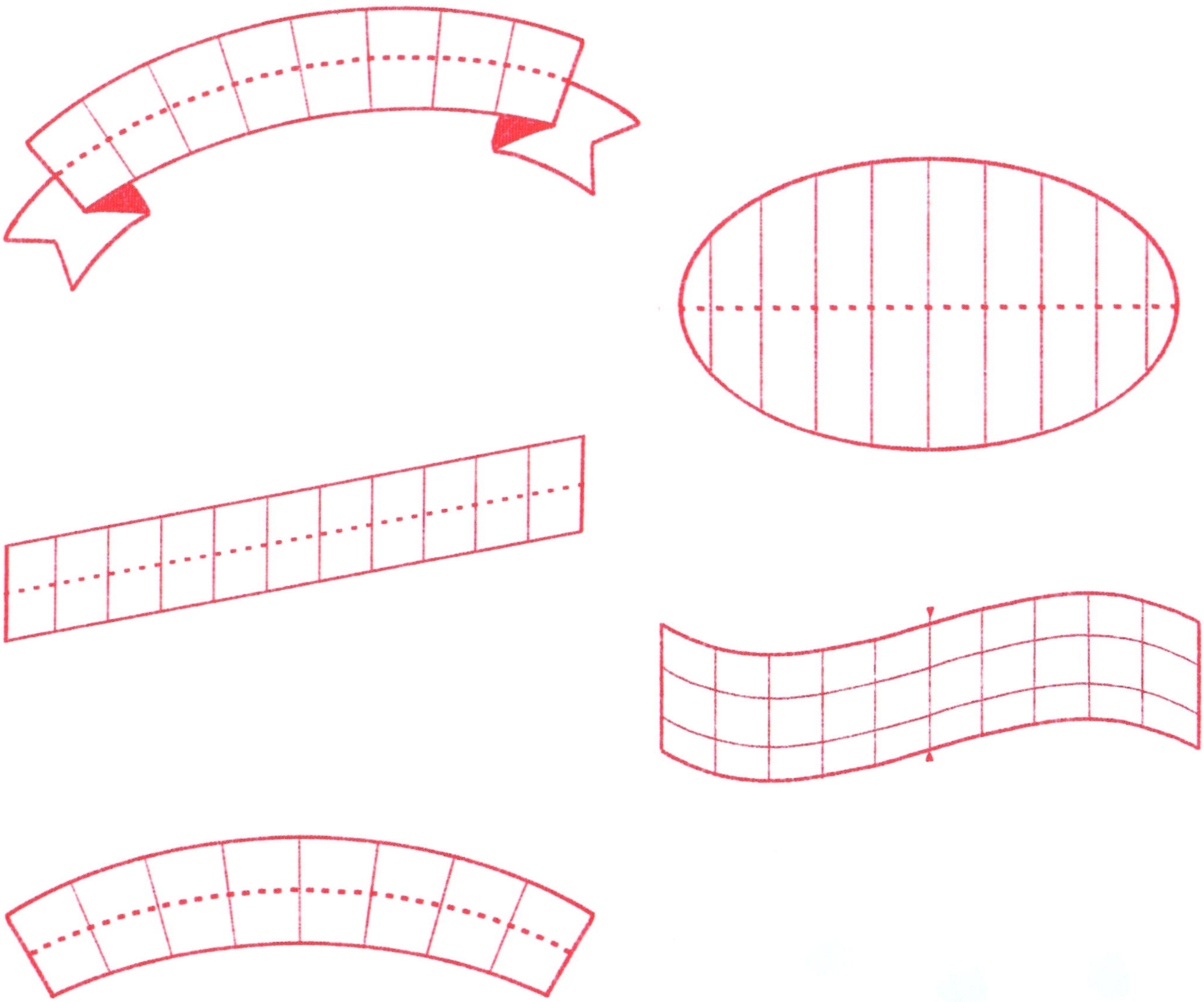

SCHRITT 4: BUCHSTABEN AUSFORMEN

Zurück zu unserem Lettering. Reduziere jetzt die Deckkraft der Skizzenebene und „kratze“ auf der Ebenenmaske der dunklen Ebene mit einem schwarzen Pinsel den schönen, bunten Untergrund frei.

Da unsere Buchstaben ja nicht nur eine Form, sondern auch ein „Gewicht“ brauchen, habe ich die Striche schön dick gemalt. Achte beim Verstärken der Striche darauf, dass ihre Breite möglichst einheitlich bleibt. Außerdem sollten die Abstriche, also die Buchstabenstriche, die von oben nach unten verlaufen, möglichst den gleichen Winkel haben, sodass sie parallel zueinander verlaufen. Das gilt für die beiden in Schreibschrift geletterten Worte.

! Um den Eindruck der gebogenen Grundlinie zu verstärken, haben die kleinen Schriftzüge, die auf einer gebogenen Grundlinie gelettert sind, Serifen bekommen. Die Strichabschlüsse folgen dem Schwung der Hilfslinien, dadurch kommt die Biegung noch besser zur Geltung.

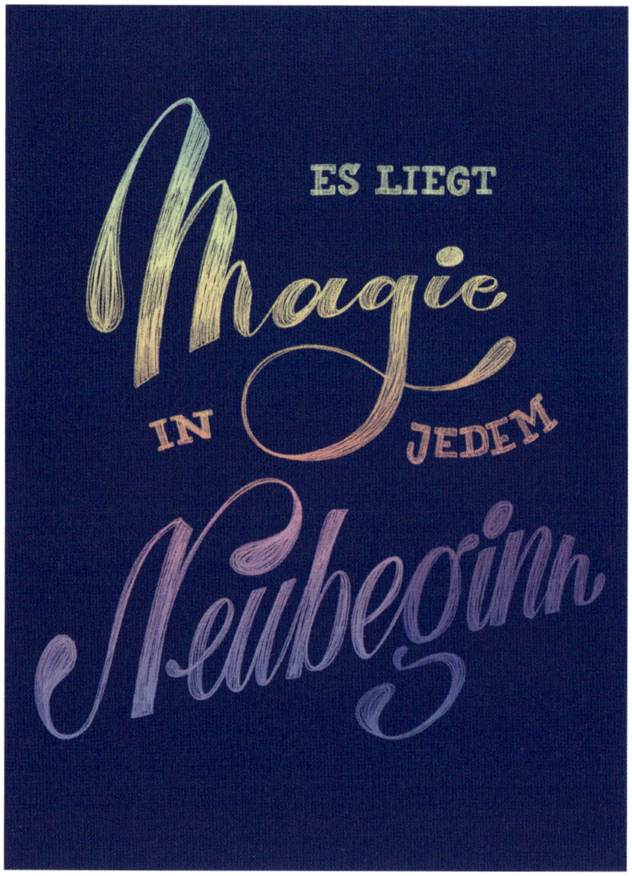

TIPP

Falls deine Linien mit dem von dir gewählten Pinsel zittrig werden, erhöhe in den Pinseleinstellungen die Stabilisierung. In Procreate findest du diese Einstellung, wenn du auf den ausgewählten Pinsel tippst und die Kategorie „Stabilisierung“ auswählt. In Fresco findest du direkt bei den Pinseleinstellungen am Bildschirmrand die Funktion „Glättung“. Schau gern auch mein Video dazu an.

PINSEL

FRESCO PROCREATE

TIPP

Eine Schrift wirkt dynamischer, wenn die Buchstaben nicht allzu sehr in Reih und Glied stehen, auch wenn sie einer klaren Linie folgen. Du kannst die Buchstaben förmlich tanzen lassen, indem du einige der Buchstabenstriche knapp über die Hilfslinien hinausragen lässt. Weitere Hilfslinien können helfen, diesen Überstand gleichmäßig zu halten. Du kannst aber auch nach Gefühl arbeiten.

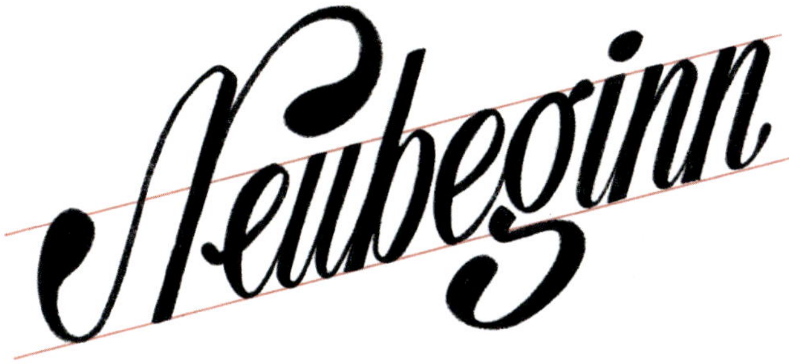

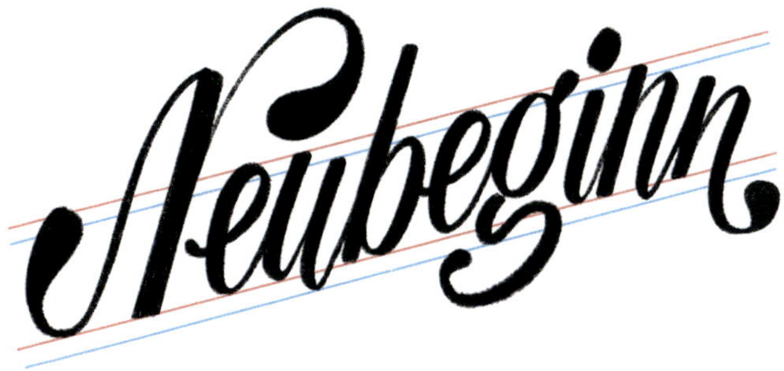

SCHRITT 5: DEKO UND DETAILS

Dieser Schritt ist superwichtig, macht aber auch richtig Spaß! Jetzt kannst du dekorieren, was das Zeug hält. Das bringt die Buchstaben zusammen und macht dein Lettering zu einem vollständigen Kunstwerk. Tropfen, Sterne, Schatten, Herzen – male, was dir gefällt und was deiner Meinung nach passt. Es gibt hier keine festen Regeln, erlaubt ist, was gefällt!

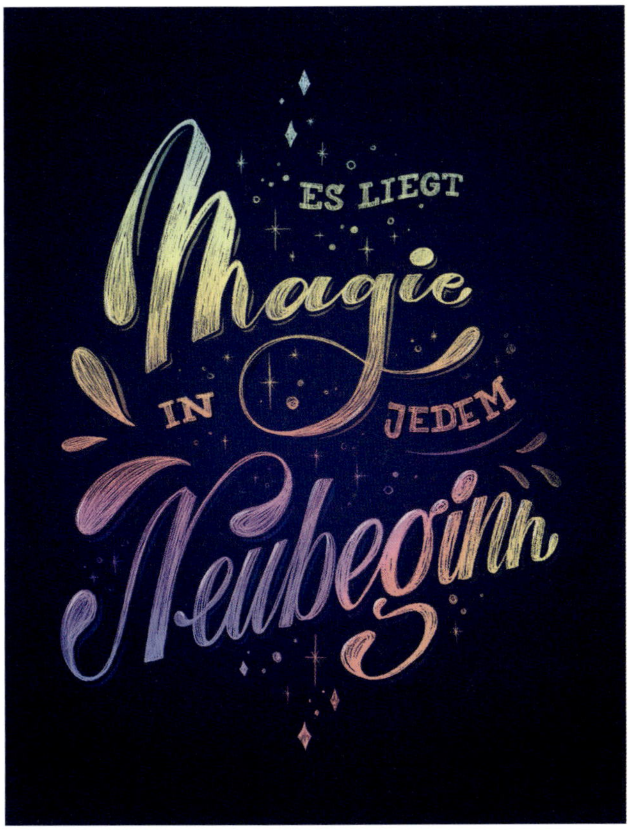

Zu meinen Buchstabenformen passen Tropfen ganz gut. Und Magie verbinde ich mit Glitzersternen und Feenstaub. Also habe ich die Zwischenräume mit beidem gefüllt. Die Farben habe ich so angepasst, dass der Kontrast zwischen Schrift und Hintergrund höher ist.

PROJEKT 6:
MONOLINE IN 3D

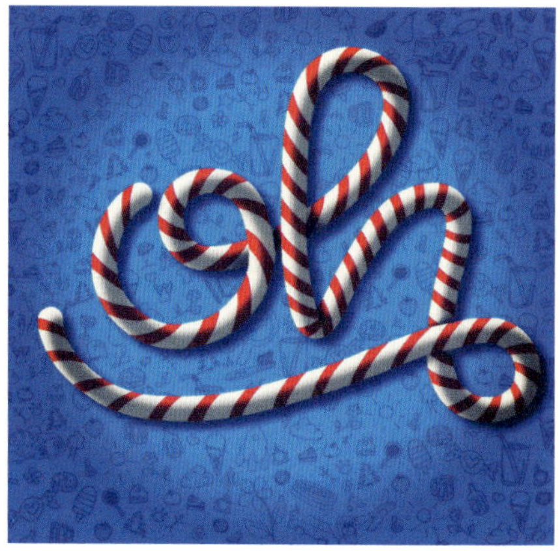

Einen Schriftzug, der in einer einheitlichen Strichstärke gemalt ist, nennt man Monoline. Wir lettern in diesem Projekt ein Wort, das aussieht, als würde es nur aus einer einzigen, langen Kunststoffschnur bestehen. Mit einem schönen 3D-Effekt und Schatten wirkt das Lettering sehr plastisch.

SCHRITT 1: SCHRIFTZUG ZEICHNEN

Als erstes brauchen wir einen Schriftzug. Wähle dazu einen Pinsel mit harter Kante und ohne Druckempfindlichkeit. Male dann ein kurzes Wort so, dass es aussieht, als würde es nur aus einer langen Linie bestehen – ausgenommen natürlich i-Punkte und Querstriche. Natürlich kannst du den Stift an geeigneter Stelle auch absetzen, zum Beispiel dort, wo die Linie sich selbst kreuzt. Ich baue solche unsichtbaren Unterbrechungen gern ein, damit ich einen verpatzten Abschnitt mit Hilfe der „Rückgängig"-Funktion löschen kann, ohne ganz von vorn beginnen zu müssen.

Wenn du die Monoline-Schrift erst einmal üben möchtest, importiere dir das Material vom ZIP-Ordner auf dein Tablet.

DIGITALE ÜBUNGSBLÄTTER
Download_4.psd

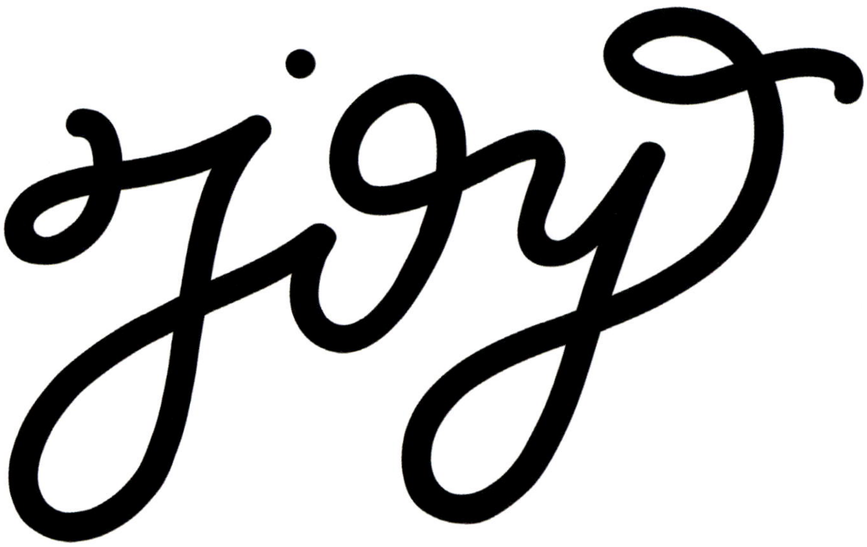

SCHRITT 2: SCHRIFTZUG AUFTEILEN

METHODE 1

Mit dieser Methode teilen wir den Schriftzug auf mehrere Ebenen auf. Das kann ein bisschen kniffelig sein und macht etwas Zusatzarbeit, erleichtert später aber das Anpassen von Schattierungen, falls sie im ersten Anlauf nicht so gelingen wie gewünscht. Wenn du feststellst, dass diese Methode dich frustriert, überspringe sie einfach und probiere Methode 2 (s. Seite 86).

Benutze das Freihand-Auswahlwerkzeug, um die einzelnen Teile zu definieren. Stelle dir dabei vor, dass du den Schriftzug nochmals zeichnest. Immer dann, wenn du einen bereits bestehenden Strich übermalen müsstest, unterteilst du ihn. Das heißt, du schneidest deine Auswahl aus und fügst sie sofort wieder auf einer neuen Ebene ein.

Die folgende Grafik zeigt dir, wie das mit den Einzelteilen gemeint ist – bitte achte darauf, die Teile nicht zu verschieben. Wenn du fertig bist, sollte auf jeder Ebene ein Stück des Schriftzugs liegen, aber keine Überkreuzungen mehr auf einer einzelnen Ebene vorhanden sein.

Um dir den ständigen Wechsel zwischen den Ebenen zu ersparen, kannst du Teile, die sich nicht berühren, jetzt wieder auf eine Ebene reduzieren. Im besten Fall hast du am Ende nur noch zwei Ebenen – wichtig ist, dass du beim Zusammenfassen keine sich kreuzenden Buchstabenlinien auf der neuen Ebene erzeugst.

Am einfachsten kommst du zu diesem Ergebnis, wenn du zunächst alle Ebenen ausblendest. Blende dann eine nach der anderen wieder ein, um zu prüfen, ob der nächste Teil des Schriftzugs mit einem bereits sichtbaren kollidiert. Wenn ja, blendest du ihn wieder aus und prüfst die nächste Ebene. Wenn du fertig bist, schiebst du alle aktuell sichtbaren Ebenen im Ebenenmenü untereinander und führst sie zusammen. Verfahre mit den übrig gebliebenen Einzelteilen ebenso.

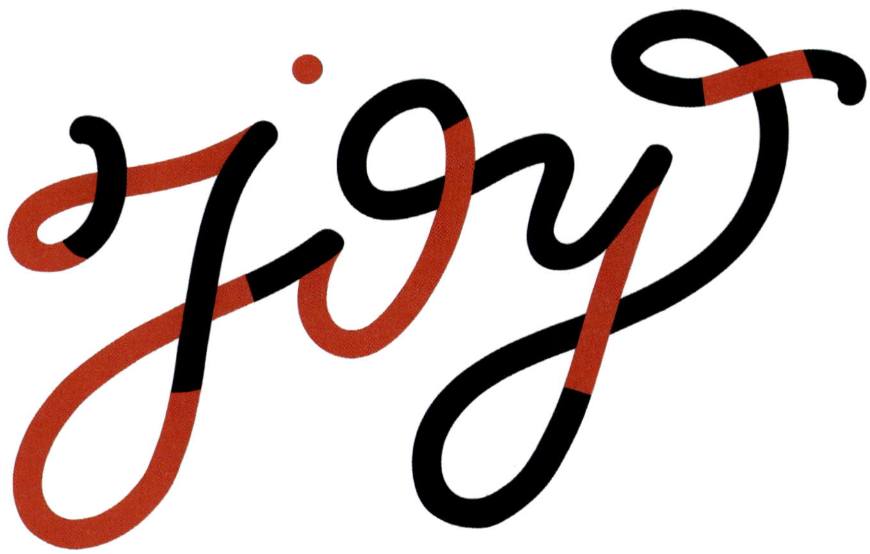

SCHRITT 3: SCHATTEN HINZUFÜGEN

Gib deinem Schriftzug eine helle Farbe und lege eine neue Clipping-Maske für eine deiner Ebenen an. Um die aktuelle Ebene von den anderen unterscheiden zu können, kannst du darunter eine neue, weiß eingefärbte Ebene mit 70 % Deckkraft einfügen. Das geht schneller, als die Deckkraft aller darunterliegenden Ebenen zu reduzieren. Wähle einen weichen Airbrush-Pinsel und male jedem Teilstück deines Schriftzugs dort Schatten, wo sich Linien überkreuzen.

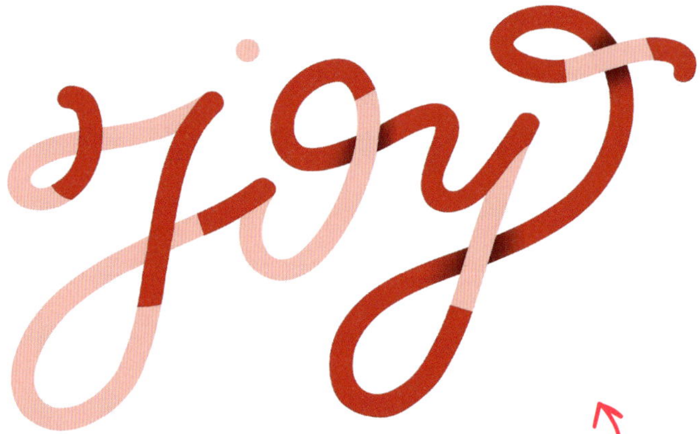

Die Abbildung veranschaulicht die Schattierung für eines der Teilstücke. Dieser Schritt wird für alle Ebenen durchgeführt, sodass alle sich kreuzenden Linien einen Schatten zu erzeugen scheinen.

TIPP

Wenn du keine Lust hast, Methode 1 anzuwenden oder dein Wort nur wenige Überlappungen hat, kannst du den Schatten natürlich auch sofort nach der Auswahl des Teilstücks malen, ohne das Teilstück auf eine eigene Ebene zu legen. Um den Schatten später zu modifizieren, müsstest du den Auswahlschritt allerdings wiederholen. Male die Schatten trotzdem immer auf einer separaten Ebene, die du als Clipping-Maske definiert hast.

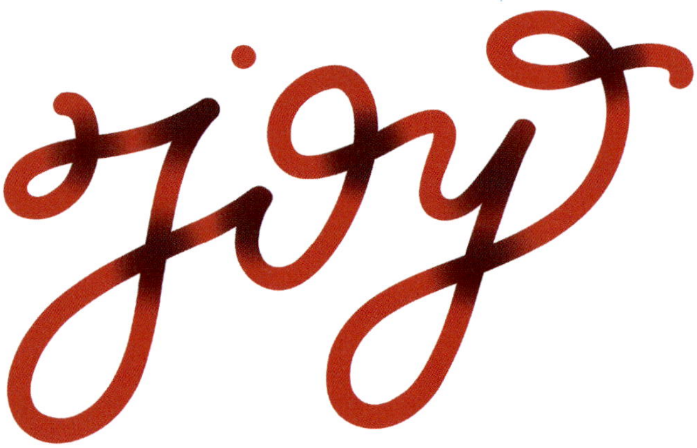

METHODE 2, SCHRITT 1

Bei dieser Methode malen wir den Schatten erst einmal überall dort, wo Linien sich kreuzen. Auch wenn du Methode 1 bereits durchgeführt hast, möchte ich dir ans Herz legen, diese hier ebenfalls auszuprobieren. Kopiere dein Bild einfach und lösche die Schattenebenen. Der gesamte Schriftzug sollte, wie ursprünglich gezeichnet, auf einer einzigen Ebene liegen.

Lege eine neue Ebene als Clipping-Maske über dem Schriftzug an und reduziere die Deckkraft ein wenig, damit du beim Schattieren die darunterliegenden Linien sehen kannst. Die Clipping-Maske bewirkt, dass dein Schatten nur auf dem Schriftzug erscheint. Füge dann mit einem weichen Airbrush-Pinsel Schatten an den Stellen hinzu, wo sich die Linien kreuzen.

METHODE 2, SCHRITT 2

Im nächsten Schritt geht es darum, den Schatten dort wieder zu entfernen, wo ein Teil der Linie über einem anderen liegt und somit gedanklich den Schatten erzeugt. Doch statt jetzt besonders sorgfältig zu radieren, benutzen wir eine Ebenenmaske. Das macht es uns nicht nur leichter, die Ränder gut hinzubekommen, sondern erlaubt uns auch, den Schatten nachträglich zu manipulieren, ohne erneut radieren zu müssen.

Lege also nun eine Ebenenmaske für deine Schattenebene an und male die Linie in Schwarz nach. Verwende dazu den gleichen Pinsel wie den, mit dem du die Buchstaben eingangs gemalt hast, aber stelle ihn etwas kleiner ein. Hast du zu viel Schatten versteckt, kannst du ihn mit Weiß wieder zum Vorschein bringen.

TIPP

Tatsächlich kommt es nicht selten vor, dass man später, wenn sich die vielen Einzelschritte zum ganzen Bild entwickeln, vorausgegangene Arbeitsgänge noch anpassen möchte. Gewöhne es dir deshalb an, Ebenen und Masken einzusetzen, um dir nachträgliche Änderungen möglichst einfach zu machen.

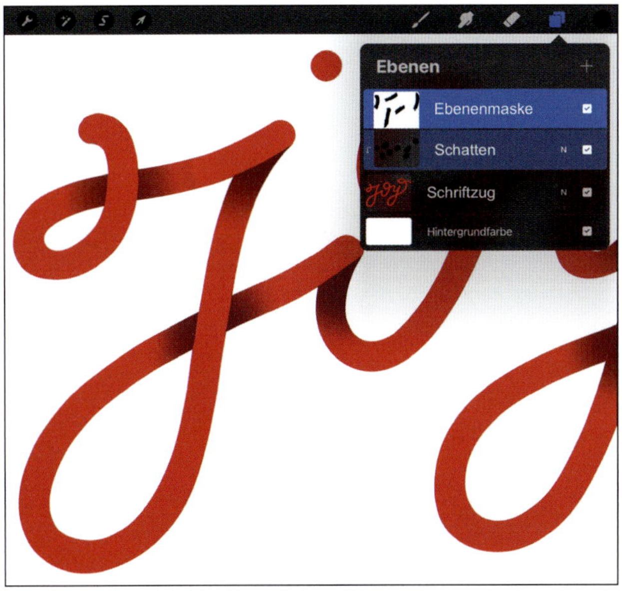

SCHRITT 4: SCHATTEN HINZUFÜGEN

Damit die Linie wie eine dreidimensionale Schnur wirkt, brauchen wir zweierlei: Schatten und Glanz. Dazu führen wir zunächst alle Ebenen wieder zusammen. Achte darauf, dass sie die volle Deckkraft haben und die Stärke der Schattierung deinen Wünschen entspricht.

Erstelle jetzt eine neue Ebene als Clipping-Maske und platziere mit einem weichen Airbrush-Pinsel einen zarten Schatten an der Außenkante der Linie. Konzentriere dich dabei auf die rechte oder untere Kontur.

Auf der gegenüberliegenden Seite der Schnur kannst du vereinzelt helle Highlights setzen – am besten wieder auf einer eigens hierfür angelegten Ebene. Je kräftiger die Highlights, desto mehr Glanz scheint die Schnur zu haben. Bei mir ist er eher schwach ausgeprägt. Experimentiere damit, indem du beispielsweise die Ebene duplizierst oder ihre Deckkraft reduzierst.

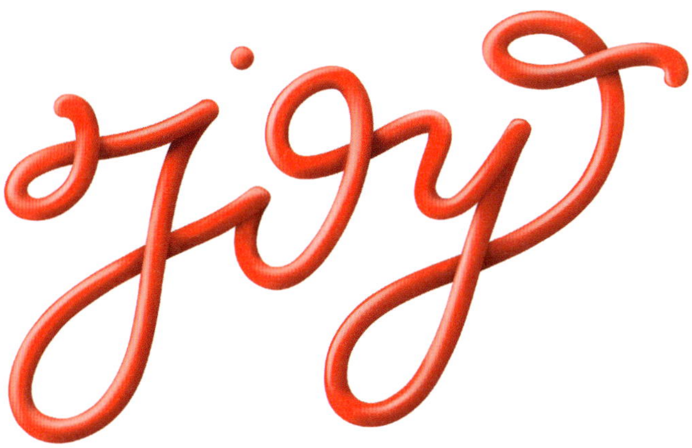

SCHRITT 5: SCHATTENWURF

Wenn du ein dreidimensionales Objekt beleuchtest, wirft es einen sogenannten Schlagschatten. Kopiere also den gesamten Schriftzug – die Hintergrundebene musst du eventuell ausblenden, um sie nicht mitzukopieren. Nach dem Einfügen schiebst du die Ebene ganz nach unten, färbst sie schwarz ein und zeichnest sie weich. Anschließend kannst du sie verschieben oder neigen und ihre Deckkraft reduzieren, sodass sie als sanfter Schatten erscheint.

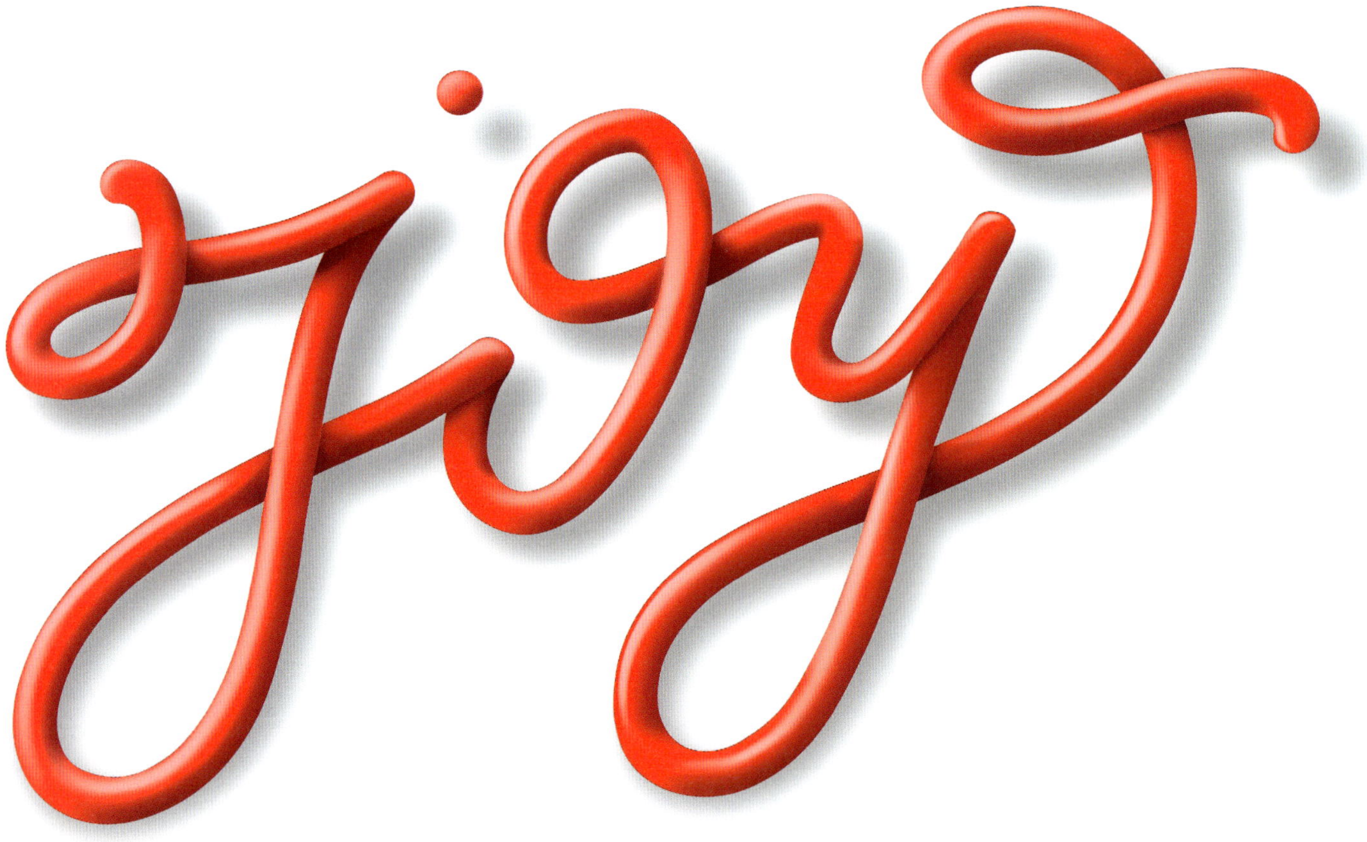

SCHRITT 6: DEKO

Zugegeben, die letzten Schritte waren eher technisch und wenig kreativ. Jetzt aber kannst du dich wieder austoben! Was braucht es, damit dein Lettering nicht so einsam und verlassen dasteht? Sicher fällt dir Einiges ein, und da du digital letterst, kannst du alles, was dir nicht gefällt, einfach ausblenden.

Ich habe die Idee mit der Schnur weitergesponnen und aus „joy“ das Wort „enjoy“ gemacht. Dabei habe ich die gleichen Schritte nochmals durchgeführt. Zusätzlich habe ich mit Hilfe einer Ebenenmaske Teile der gelben oder auch roten Schnur versteckt, sodass der Eindruck entsteht, die Schnüre würden sich überlagern.

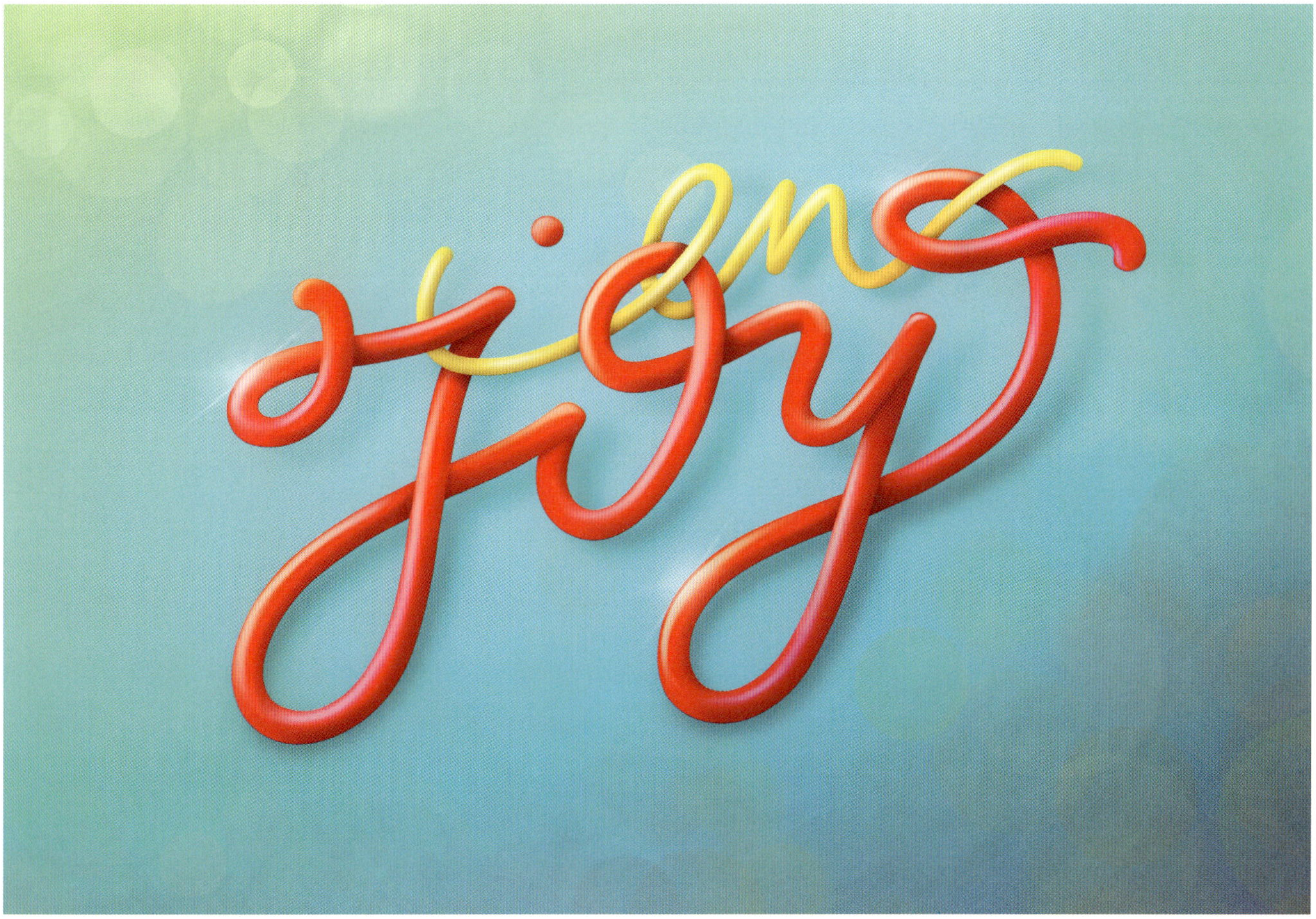

BONUSMATERIAL

Möchtest du dir die Ebenen dieser Grafik genauer ansehen? Du findest das Lettering im ZIP-Ordner. Importiere es in deine Zeichenapp. Bestimmt findest du dabei auch die versteckte Schnur. Die ausgeblendete Ebene demonstriert sehr gut, dass du beim digitalen Lettern nach Herzenslust experimentieren kannst – und mit nur einem Häkchen ganz leicht verstecken kannst, was nicht gefällt.

DIGITALES BONUSMATERIAL
Monoline.psd

DEIN DIGITALES ÜBUNGSPAKET

BRUSH LETTERING

Wie du schon im Einführungskapitel (s. Seite 47) gesehen hast, kannst du auf dem Tablet genauso wie mit einem echten Brush Pen variable Linienstärken erzeugen. Durch unterschiedlichen Druck beim Schreiben oder Zeichnen entstehen bei stärkerem Druck breitere Linien und bei leichterem Druck feinere Linien. Dieses Spiel mit unterschiedlichen Linienstärken verleiht der Schrift eine dynamische und lebendige Wirkung. Aber gewusst, wie! Es gibt eine wichtige Regel beim Brush Lettering:

Abstriche werden dick, Aufstriche dünn gezeichnet.

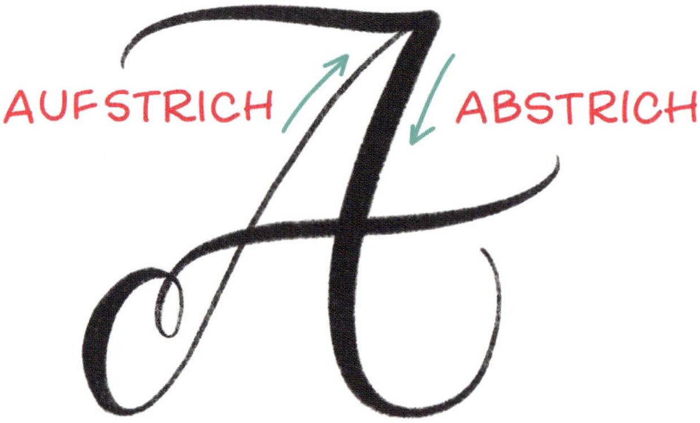

KREATIVES ÜBEN MIT DEM DRUCKSENSITIVEN PINSEL

Zum Üben kannst du jeden Pinsel benutzen, bei dem Druckempfindlichkeit eingestellt ist. Die Ergebnisse können aber je nach Einstellung und Pinselgrafik sehr unterschiedlich ausfallen. Du kannst alternativ auch gern meinen digitalen Brush Pen verwenden. Du findest das Material im ZIP-Ordner.

DIGITALES BONUSMATERIAL
Brushpen.brush

Im Grunde musst du nur einige wenige Formen beherrschen, um schöne Brush-Lettering-Buchstaben zu malen. Die Schwierigkeit besteht am Anfang darin, den Übergang zwischen dick und dünn hinzubekommen und immer daran zu denken, die obere Regel zu berücksichtigen. Irgendwann drückst du aber ganz automatisch bei Abstrichen fester auf und nimmst den Druck vom Stift, wenn du ihn wieder nach oben bewegst.

Dies sind die Grundformen, die du fürs Brush Lettering brauchst:

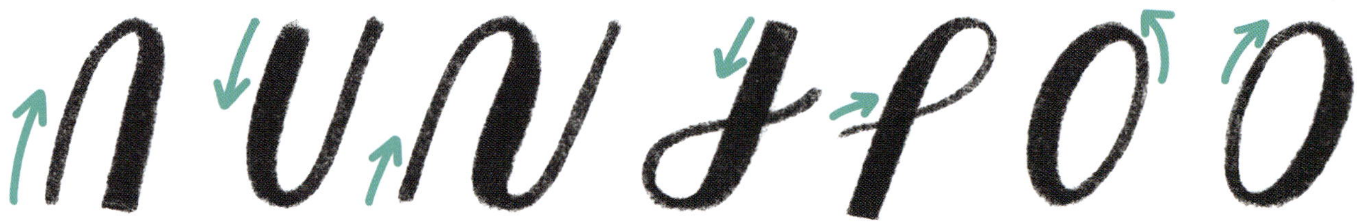

TRAINIERE DEIN MUSKELGEDÄCHTNIS

Wenn du das Lettern mit dem Brush Pen bereits beherrschst oder die klassische Kalligrafie zu deinen Hobbys zählt, wird dir die digitale Umsetzung leichtfallen. Ansonsten hilft nur Zeit, Geduld und viel Übung. Es soll und muss nicht aussehen wie mit dem Textwerkzeug geschrieben, also fühle dich frei in deiner Gestaltung und zeichne deine Buchstaben so, wie sie dir gefallen.

Möchtest du mit Vorlagen üben? Du findest die Übungsblätter im ZIP-Ordner.

Alles in einem Rutsch durchzuarbeiten wird dich sicher vorwärtsbringen, aber noch besser ist regelmäßiges Üben. Die immer gleichen Abläufe gehen in das Muskelgedächtnis deiner Hand über, sodass du die Formen irgendwann ganz von selbst und ohne nachzudenken korrekt auf die Leinwand bringen wirst.

DIGITALE ÜBUNGSBLÄTTER
Download_5.psd

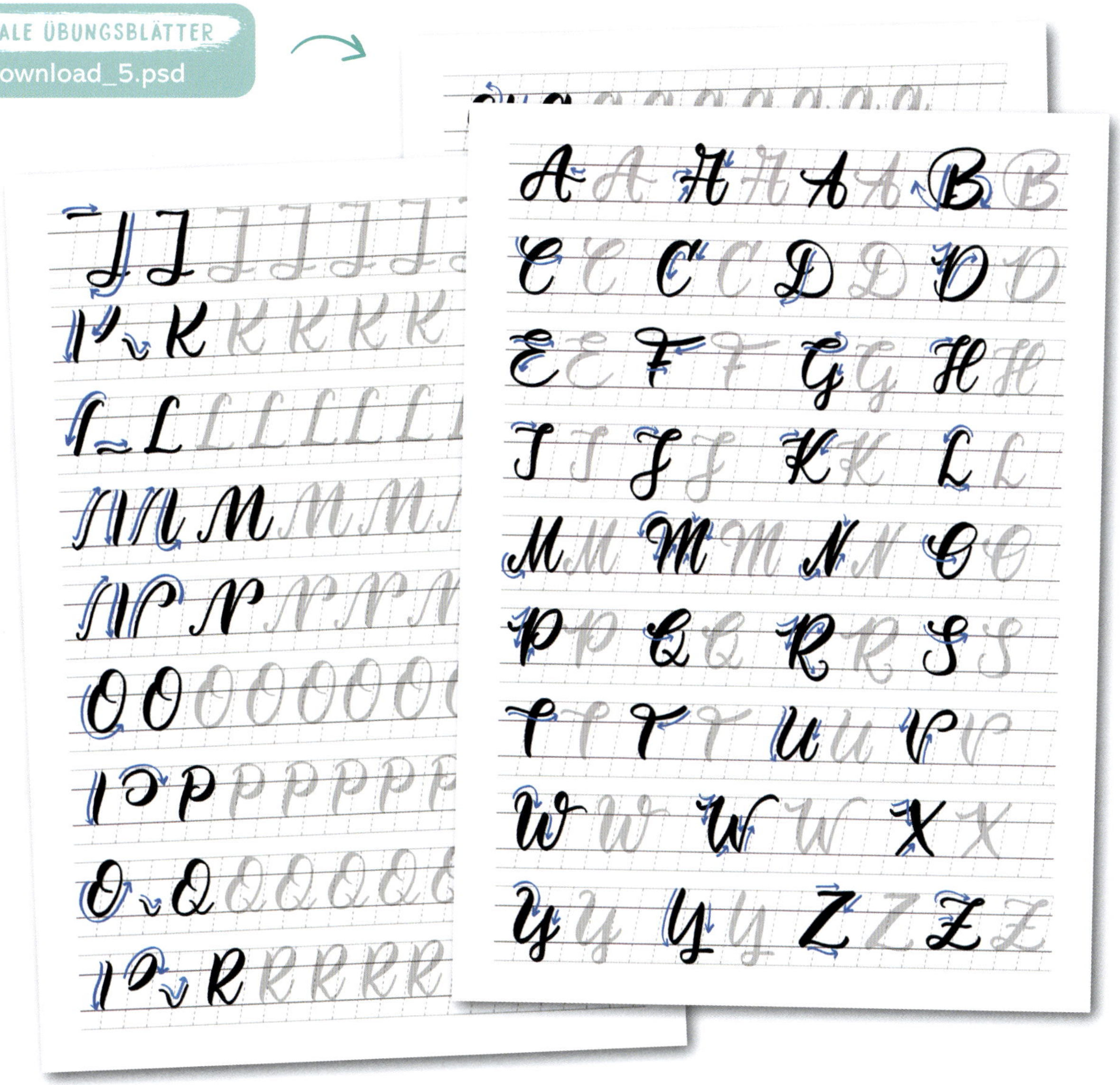

PROJEKT 7:
BRUSH LETTERING

Bei diesem Projekt wollen wir uns vorab ein paar Gedanken zum Layout machen. Es wird dieses Mal weniger um die technische Durchführung gehen, als darum, das Brush Lettering in eine Form einzupassen. Die geschwungenen Ausläufer und Schnörkel der Buchstaben machen es möglich, einen beliebig geformten Bereich auszufüllen.

Auf Social Media sind quadratische Formate sehr beliebt – wenn du also beispielsweise ein Bild zum Teilen lettern möchtest, kannst du als Grundform einen Kreis oder ein Quadrat nutzen. Wir versuchen es in diesem Projekt mit einem Dreieck und dem Spruch: „Die schönsten Dinge im Leben sind kostenlos und unbezahlbar".

SCHRITT 1: HILFSLINIEN ANLEGEN

Erstelle dir auf einer neuen Leinwand zunächst ein Dreieck. In Procreate bekommst du das am besten hin, indem du unter dem Werkzeugschlüssel in der oberen Menüleiste die Zeichenhilfe einschaltest. Das Raster hilft dir, die Punkte deines Dreiecks symmetrisch zu positionieren. Du kannst unter „Zeichenhilfe bearbeiten" alternativ auf die vertikale Symmetrie umschalten, sodass du nur das halbe Dreieck zeichnen musst – den Rest erledigt Procreate mittels Spiegelung deiner Zeichnung auf der eingestellten Symmetrieachse.

Gerade Linien oder gar ganze Formen erhältst du in Procreate, indem du den Stift nach dem Zeichnen einer Linie oder Form wie Kreis oder Rechteck kurz auf dem Tablet verharren lässt. Selbst ein krummer, wackeliger Strich springt dann in eine gerade Linie um. Mit ein bisschen Experimentierfreude gelingt es dir sicher, nun einen geeigneten Weg zu finden, um dein Dreieck auf die Leinwand zu bekommen – entweder aus einzelnen Linien oder durch das Zeichnen eines Dreiecks. Bei beiden Varianten kann dich die sogenannte „Quick Shape"-Funktion von Procreate unterstützen.

Adobe Fresco bietet hier einen anderen Ansatz. In der unteren, rechten Ecke findest du ein Lineal-Icon, das dir bei längerem Halten eine Auswahl an Zeichenhilfen bietet. Wählst du hier das Dreieck, erscheint dieses direkt auf deiner Zeichenfläche, sodass du es nur noch in die gewünschte Größe ziehen musst. Auch Fresco optimiert Linien und Formen, wenn du nach dem Zeichnen mit dem Stift auf dem Display verharrst.

Zusätzlich zum Dreieck brauchst du noch ein paar Linien, die dir helfen, gerade zu lettern und die Buchstabenhöhe einheitlich zu halten. Statt dir jedoch die Mühe zu machen, die Linien von Hand parallel zu zeichnen, male einfach eine einzige auf einer neuen Ebene und kopiere sie beliebig oft.

SCHRITT 2: SCHRIFTZEICHEN EINPASSEN

Innerhalb des Dreiecks zu bleiben und gleichzeitig möglichst die gesamte Breite jeder Zeile zu nutzen ist gar nicht so einfach. Statt also gleichzeitig auf Stiftdruck, Buchstabengröße und -breite und auch noch auf die Rechtschreibung zu achten, machst du zunächst eine Skizze. Dabei sollte dein erstes Ziel sein, alle Buchstaben auszurichten und die Größe richtig hinzubekommen. Anschließend kannst du auf einer neuen Skizzenebene die Buchstabenformen optimieren.

Hier siehst du, wie meine finale Skizze nach mehreren Versuchen und vielen Korrekturen aussieht. Lass dir Zeit und genieße den Prozess. Mache erst mit dem nächsten Schritt weiter, wenn du mit deiner Skizze zufrieden bist.

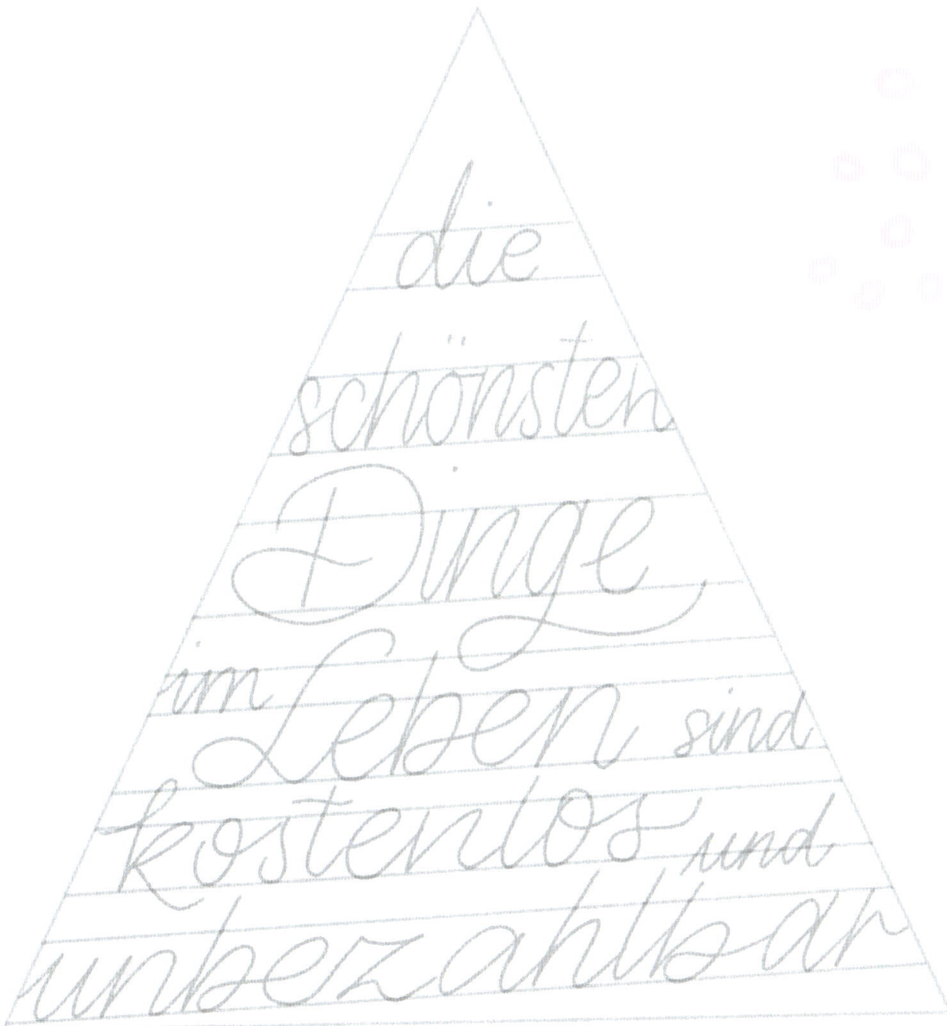

QUICKSHAPE

FRESCO

PROCREATE

SCHRITT 3:
BRUSH LETTERING MALEN

Wenn du eine gute Skizze hast, wird dieser Schritt weit weniger aufwendig sein. Du weißt nun, an welchem Platz die Schriftzeichen stehen sollen, hast aber alle Freiheiten, deine eigenen Grenzen jetzt auch wieder zu sprengen. Male nach Lust und Laune Bögen und Schnörkel – je mehr Raum innerhalb des Dreiecks du damit füllst, desto besser wird deine Form zur Geltung kommen. Wo es passt, kannst du das Dreieck stellenweise verlassen.

So ungefähr könnte dein Lettering nach diesem Schritt aussehen:

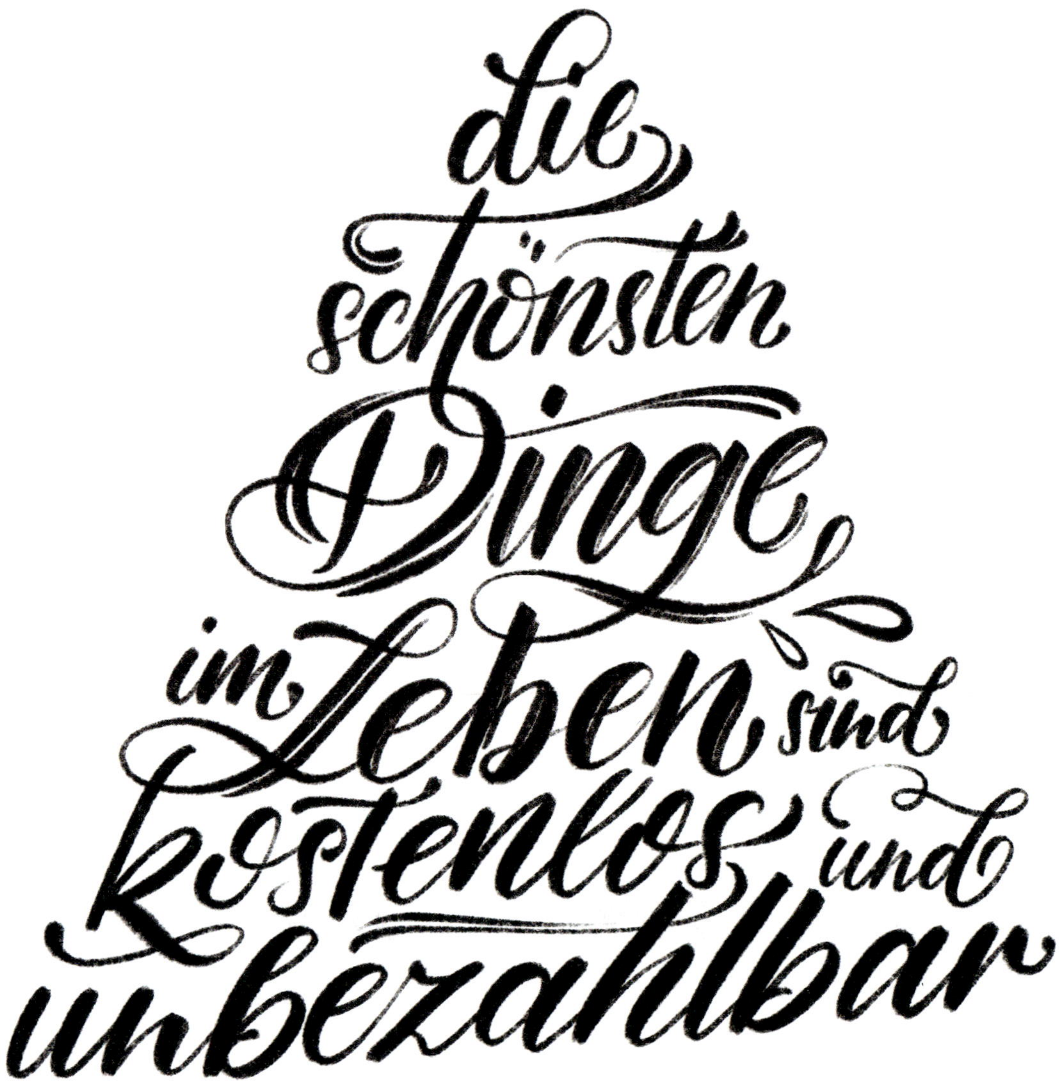

DEKO-TIPPS

FRESCO

PROCREATE

SCHRITT 4: DEKO UND FINISH

Du kennst es schon aus den vorausgegangenen Projekten: Der letzte Schritt gibt dem ganzen Lettering erst seine besondere Note. Selbst wenn du es schwarz-weiß belassen möchtest, kann es nicht schaden, hier und da ein kleines Detail, etwas Schatten oder eine kleine Illustration hinzuzufügen.

Ich habe mich mal wieder mit Farben ausgetobt und auch im Hintergrund gelettert. Die hier angewendeten Techniken wie Pixelsperre und Clipping-Maske hast du bereits kennengelernt. Experimentiere, teste und verwirf, was dir nicht gefällt. Aber vergiss in deinem Flow nicht, deinen Körper zwischendurch auch mal zu dehnen und die Arme auszuschütteln. Bei so vielen Möglichkeiten verliert man schnell mal das Gefühl für die Zeit, dabei können die Rücken- und Nackenmuskulatur verspannen. Ein paar kreisende Bewegungen mit den Schultern tun gut, aber gönne dir zwischendurch auch richtige Pausen.

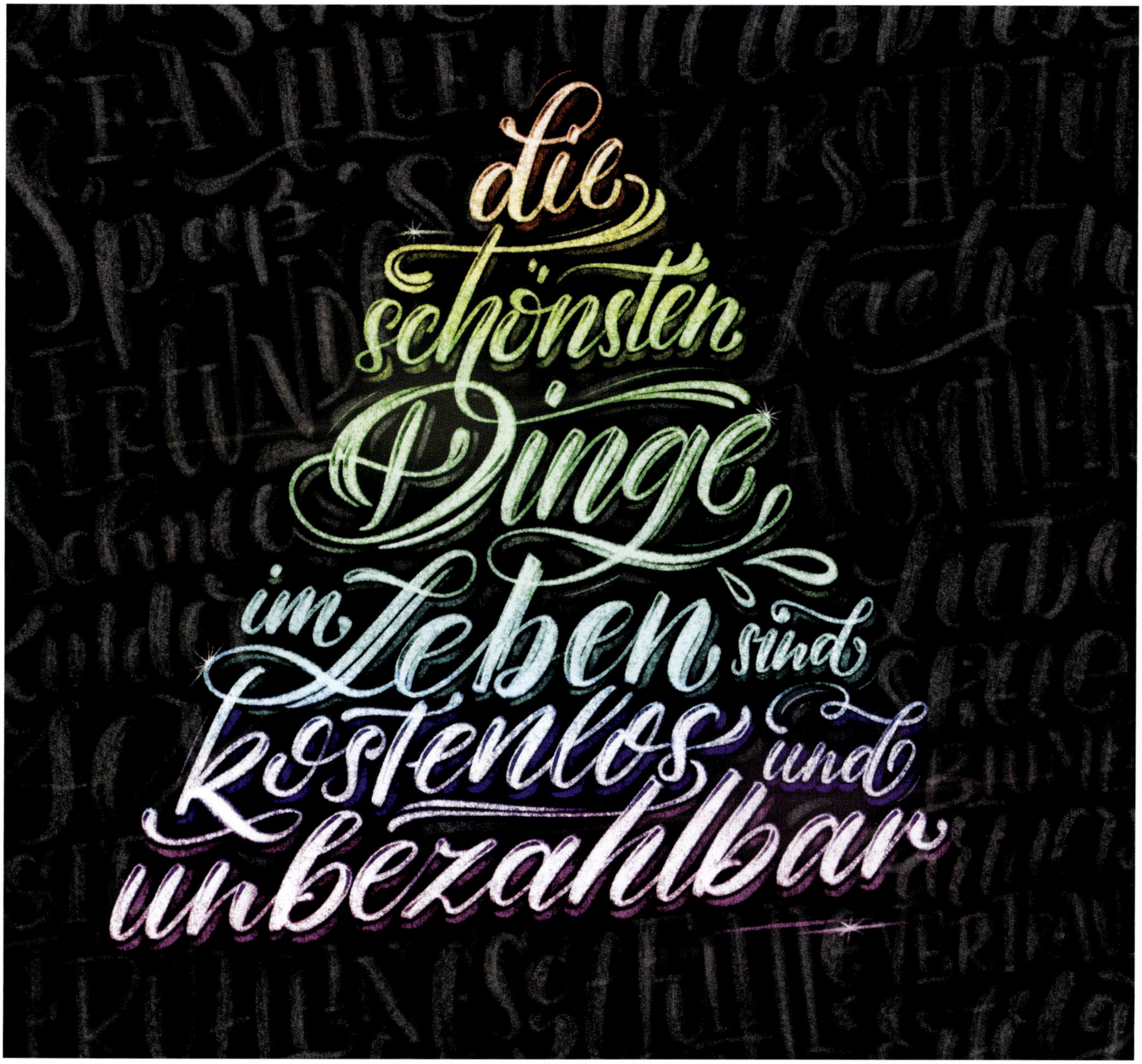

PROJEKT 8:

WATERCOLOR-LETTERING

Letterings, die mit Pinsel und Wasserfarbe auf Aquarellpapier gemalt sind, haben einen ganz besonderen Charme. Lass uns versuchen, diese doch recht aufwendige Handarbeit digital nachzuahmen. Am Ende soll dein Werk aussehen wie das Foto eines echten Aquarellbildes.

SCHRITT 1: LETTERING MIT DEM BRUSH PEN MALEN

Unser erster Schritt besteht aus mehreren Teilschritten: Zuerst suchst du dir einen Spruch aus. Dann erstellst du eine Skizze und malst anschließend mit einem Aquarellpinsel deinen Schriftzug. Das kennst du bereits, und bis auf die Wahl des Pinsels unterscheidet sich das digitale Lettern im Watercolor-Stil nicht sonderlich von den anderen Techniken.

Häufig, aber nicht immer, werden beim Lettern mit Wasserfarben mehrere Farbtöne gemischt – du wirst das auch in meinem Beispiel sehen. Du kannst deinen Schriftzug direkt einfärben, indem du dir die Pixelsperre zunutze machst. Alternativ erstellst du eine neue Clipping-Maske, auf der du verschiedene Farben aufbringst. Mein Spruch für unser Watercolor-Projekt lautet: „Wer überholen will, muss die Spur wechseln“.

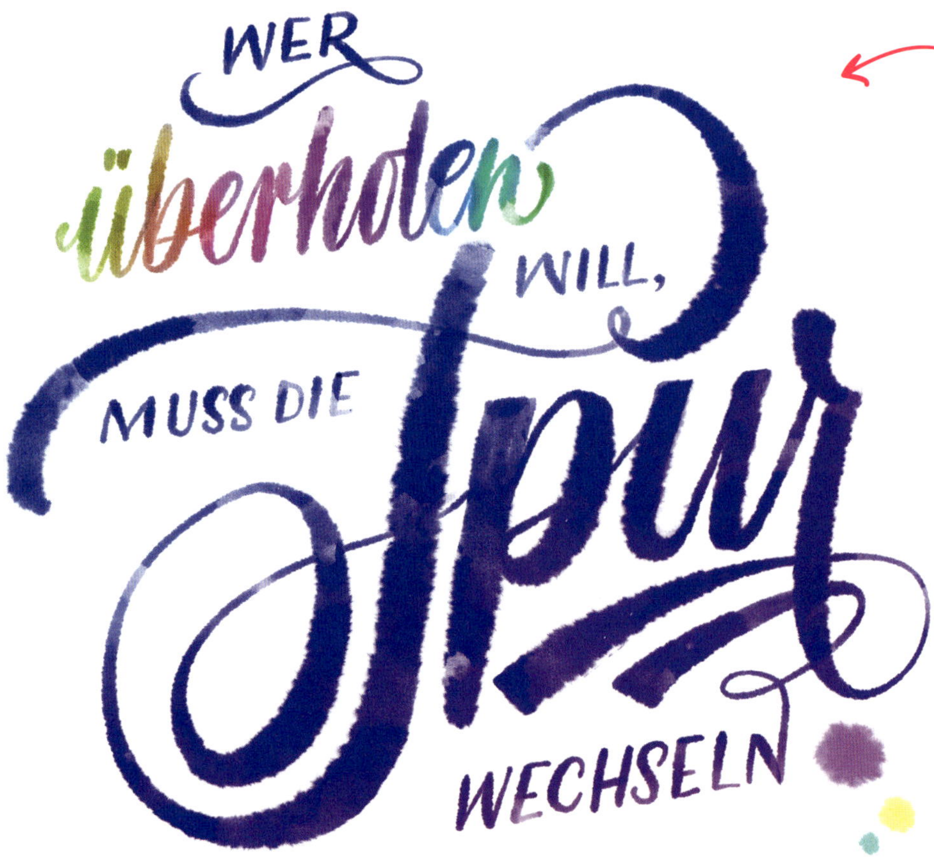

Für den Schriftzug habe ich in Procreate den Pinsel „Kleckse“ aus der Kategorie „Kalligrafie“ eingesetzt. Fresco hat für das Malen mit Wasserfarben einen ganz besonderen Ansatz. Aquarellpinsel findest du unter den interaktiven Pinseln. Das Besondere daran ist, dass die Farbe tatsächlich zu verlaufen scheint! Wenn du Fresco benutzt, musst du dir unbedingt etwas Zeit nehmen, um mit diesen Pinseln und verschiedenen Farben zu experimentieren. Hier kannst du sogar wie mit einem echten, nassen Pinsel Farben direkt auf deiner Leinwand mischen!

SCHRITT 2: FOTO-HINTERGRUND AUSSUCHEN

Speichere dein fertiges Lettering als JPG-Datei ab, damit wir es im nächsten Schritt auf einem Foto platzieren können. Du kannst dir dazu ein Bild aus dem Internet herunterladen – auf unsplash.com gibt es beispielsweise unter dem Stichwort „Skizzenbuch" oder „leeres Buch" schöne Fotos wie beispielsweise das hier unten abgebildete. Selbstverständlich kannst du auch ein eigenes Foto machen, wenn du Aquarellpapier oder gar ein geeignetes Skizzenbuch zur Hand hast.

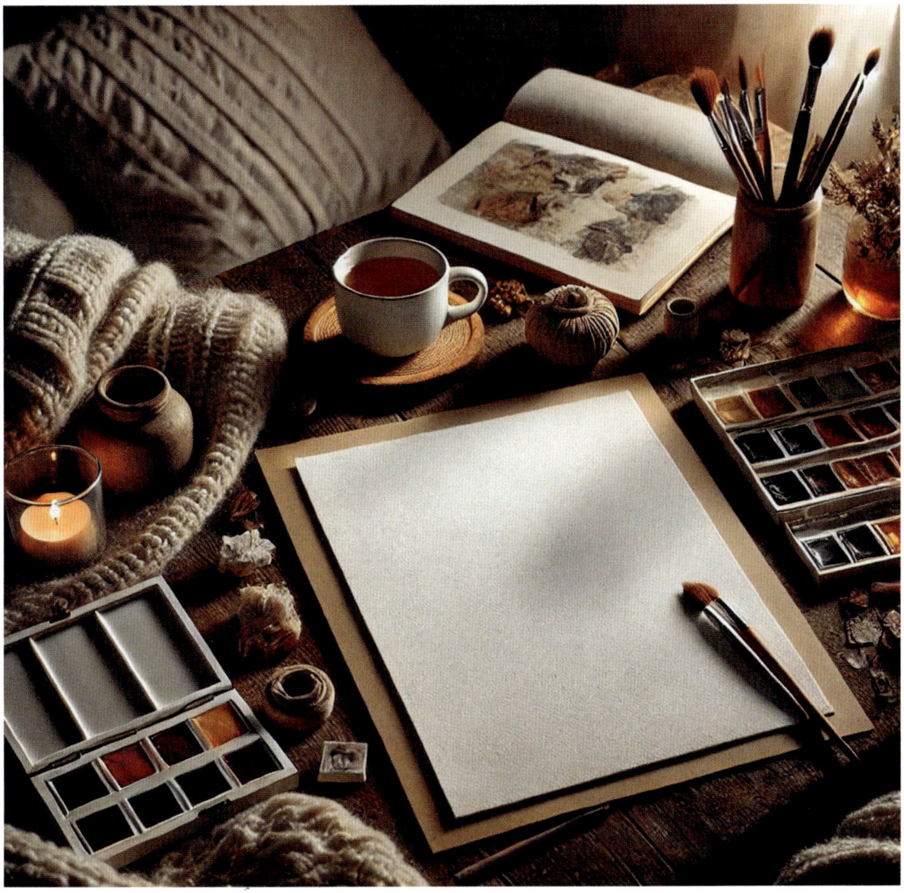

Schöne Foto-Hintergründe geben einen wirkungsvollen Rahmen für dein Lettering ab

BONUSMATERIAL

Du hast keine Lust, nach dem passenden Foto-Hintergrund zu suchen? Im ZIP-Ordner habe ich ein paar schöne Hintergründe für dich vorbereitet.

DIGITALE HINTERGRÜNDE

Watercolor_1.jpg
Watercolor_2.jpg
Watercolor_3.jpg

SCHRITT 3: LETTERING AUF EINEN FOTO-HINTERGRUND SETZEN

Öffne das Foto in deiner Zeichenapp und füge nun das vorab gespeicherte Lettering hinzu. In Procreate findest du dazu im Menu „Aktionen" die Funktion „Foto einfügen". In Fresco findest du dazu in der linken Menüleiste ein kleines Bild-Icon, unter dem du „Foto platzieren" auswählen kannst.

Zuerst musst du dein Lettering in Größe und Ausrichtung deinem Foto anpassen, sodass es auf dem Blatt oder der Buchseite zu liegen scheint. Mit dem Transformieren-Werkzeug kennst du dich ja bereits aus, da du sicher schon oft Bildteile verschoben, skaliert oder auch gedreht hast. Möchtest du dich noch einmal vergewissern, dann schau dir gern mein Video dazu an.

Ist dein Papier nicht ganz glatt und perfekt von oben fotografiert, solltest du dein Lettering so anpassen, dass die Kanten möglichst im gleichen Abstand zum fotografierten Papier verlaufen. In Procreate bietet dir das Transformieren-Werzeug dazu die Option „Verformen", mit dem du auch Krümmungen hinbekommst. Fresco bietet diese Option leider nicht, hier musst du dir mit den Optionen unter dem Menüpunkt „Verflüssigen" helfen, das du ebenfalls innerhalb des Transformationswerkzeugs findest.

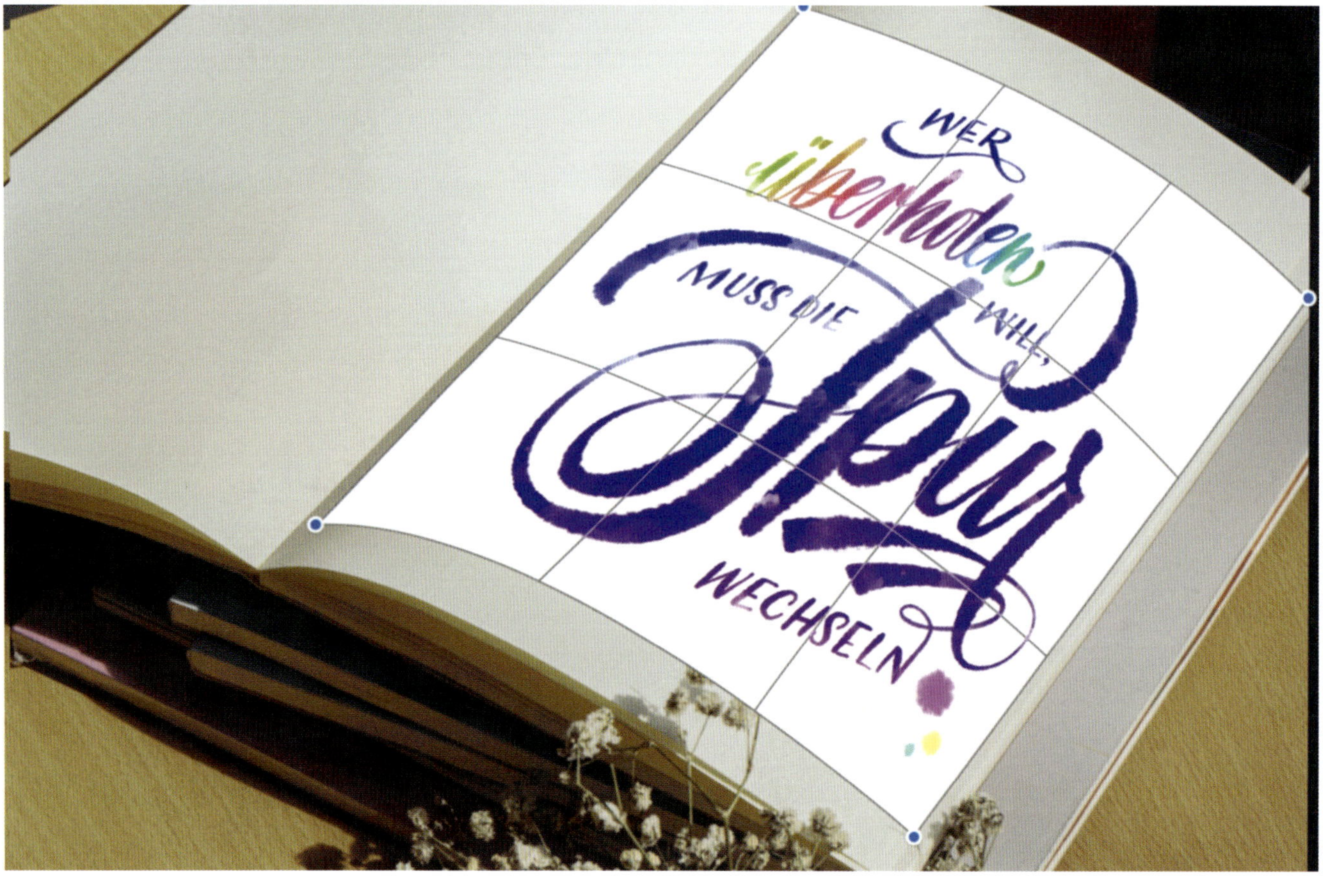

Achte darauf, die Bildkanten möglichst parallel zueinander auszurichten, damit dein Lettering ebenso optisch verzerrt dargestellt wird, wie es bei einem echten Foto der Fall wäre.

AUSWAHL BEARBEITEN

FRESCO PROCREATE

SCHRITT 4: BILDER INEINANDER VERSCHMELZEN

Dieser Schritt ist der einfachste, aber er ist der Clou! Wir ändern jetzt die Art und Weise, wie deine Lettering-Ebene mit der darunterliegenden Ebene interagiert. Standardmäßig ist der Mischmodus (Blend Mode) jeder neuen Ebene „normal“, das bedeutet, eingefärbte Pixel überlagern die darunterliegenden je nach Deckkraft mehr oder weniger. Andere Modi hingegen führen eine Berechnung zwischen den jeweils übereinanderliegenden Bildpunkten durch.

Multiplizieren auf der Mischmodus-Ebene verdunkelt beispielsweise das Ergebnis umso stärker, je dunkler der Farbwert des Pixels auf der darunterliegenden Ebene ist. Helle Pixel hingegen werden transparent – deshalb verschwindet der weiße Hintergrund, wenn wir den Mischmodus auf „Multiplizieren“ einstellen. Und schon sieht es aus, als wäre der Spruch direkt auf dem Papier gelettert!

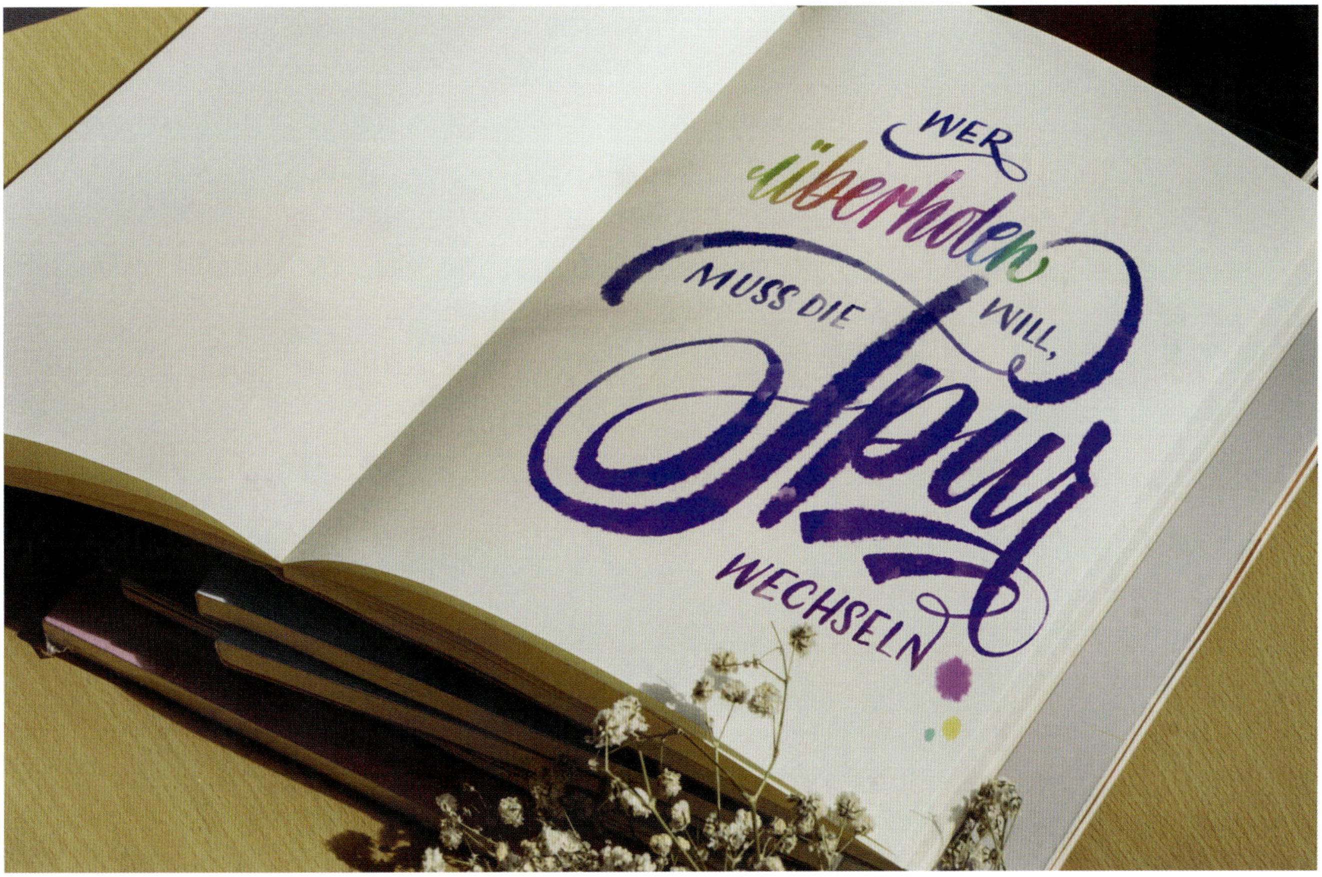

MISCHMODUS ÄNDERN

Um den Mischmodus in Procreate zu ändern, musst du nur auf das „N“ rechts neben dem Ebenennamen tippen, dann öffnet sich eine lange Liste an Möglichkeiten. Sie alle zu erklären würde an dieser Stelle zu weit führen. Einige sind selbsterklärend, andere liefern immer wieder überraschende Ergebnisse. Die meisten meiner Workshop-Teilnehmer:innen probieren es sowieso ohne Aufforderung aus, also: Nur zu!

In Fresco findest du eine ebenso lange Liste unter dem Punkt „Füllmethode“ im Einstellungsbereich der Ebeneneigenschaften. Diesen erreichst du über das Symbol am rechten Bildschirmrand.

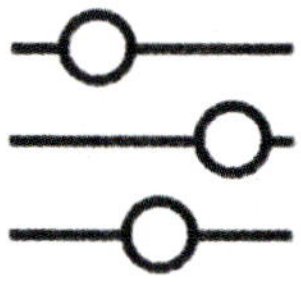

TIPP

Schon die Textur von Aquarellpapier kann den Unterschied machen. Überblende dein Lettering mit der Struktur eines solchen Papiers, um den Watercolor-Look zu verstärken!

BONUSMATERIAL

Im ZIP-Ordner findest du eine Bilddatei mit der Textur von Aquarellpapier. Diese kannst du für die zuvor beschriebene Überlagerung nutzen.

DIGITALES BONUSMATERIAL
Aquarellpapier.jpg

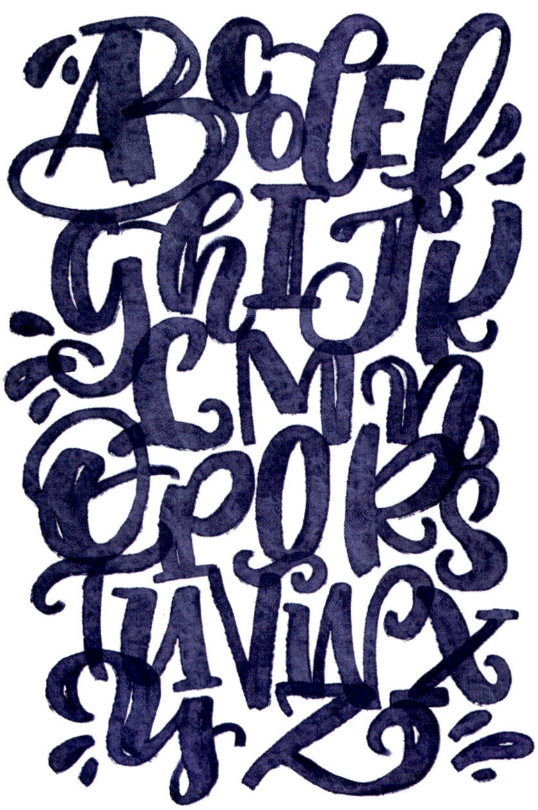

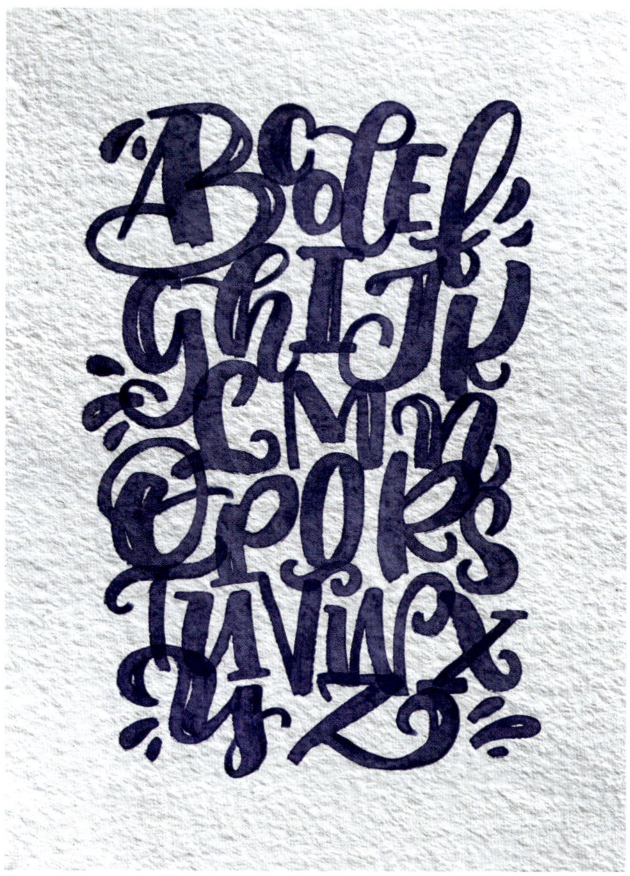

VON HAND GEMALTE LETTERINGS OPTIMIEREN

In den sozialen Medien werden oft Letterings geteilt, die digital erstellt wurden, aber den Eindruck machen, analog auf Papier entstanden zu sein. Nicht immer weisen die Künster:innen auf diesen Umstand hin. Umgekehrt kannst du deine Zeichenapp auch ganz wunderbar dazu nutzen, in „echter" Handarbeit entstandene Letterings zu optimieren. Nicht nur, weil du das Foto in Sachen Farbe und Belichtung korrigieren kannst. Auch das Lettering selbst kannst du verbessern, ohne dass man es nachher sieht. Bei diesem Bild, das ich tatsächlich per Hand in mein Skizzenbuch gemalt und dann abfotografiert habe, habe ich im Anschluss einige kleine Fehler beseitigt. Handgemalt soll es trotzdem noch aussehen, aber einige zittrige Linien und den berühmten „Strich daneben" hier und da habe ich beseitigt. Hättest du's bemerkt?

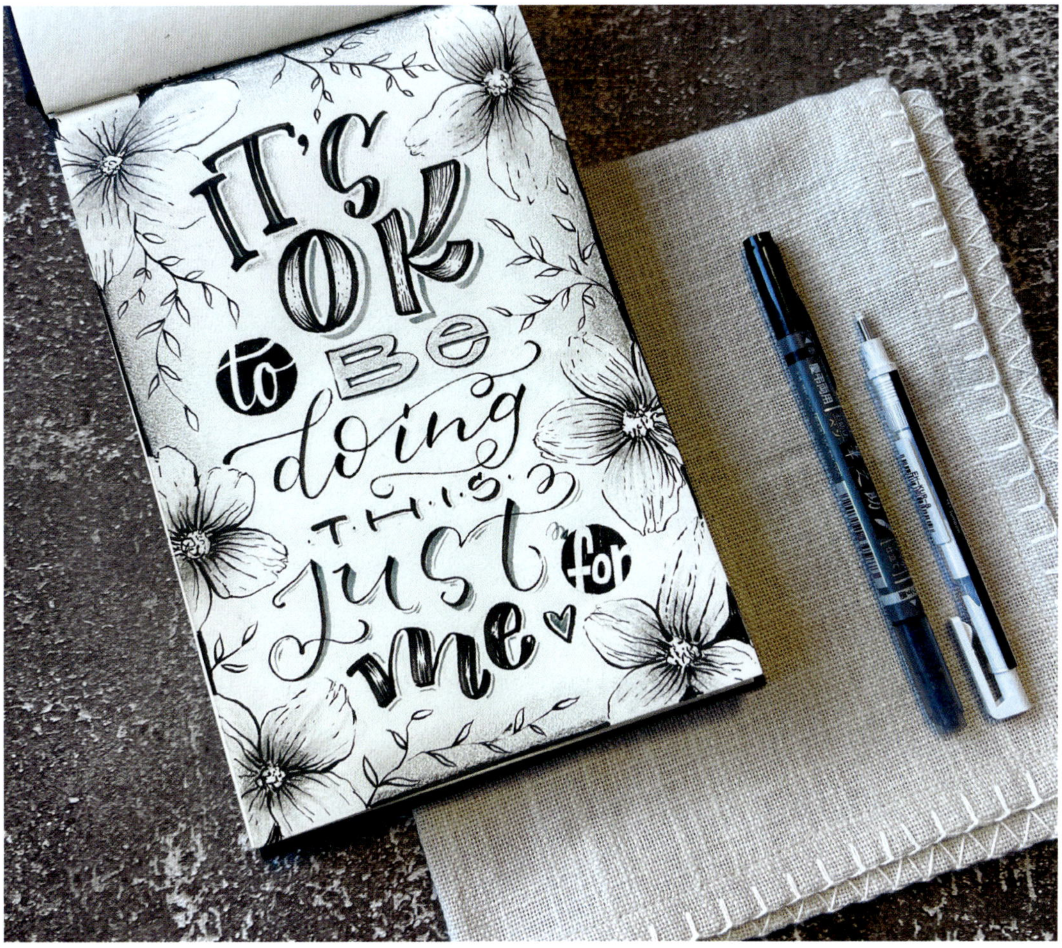

PROJEKT 9:
FOTO-LETTERING

In unserem letzten Lettering-Projekt wirst du viel vom dem kombinieren, was du bereits gelernt hast. Als Basis dient dir ein Foto, auf dem du die Buchstaben deines Letterings anlegen wirst. Besonders persönlich wird es, wenn du ein eigenes Gruppenfoto verwendest: von deinen Kindern, Nichten und Neffen, Geschwistern oder Freund:innen. Das Foto muss dabei qualitativ gar nicht besonders gut sein, denn du kannst mit Hilfe von Procreate den Kontrast ändern, das Bild einfärben und Hintergrunddetails verwischen. Wichtig ist, dass du genug freie Fläche für dein Lettering hast.

VORBEREITUNG: FOTO BEARBEITEN

Ich zeige dir an einem Beispiel, wie du ein Foto für ein Lettering vorbereiten kannst. Importiere es zunächst in Procreate. Mein Beispielfoto sieht so aus:

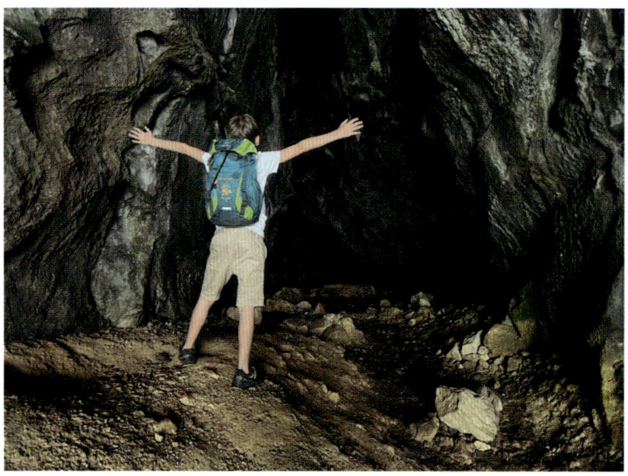

Damit mehr Platz zum Lettern zur Verfügung steht, habe ich die Leinwand zunächst nach oben hin verlängert und anschließend die Felsstruktur mit einem weichen Airbrush-Pinsel kopiert. In Procreate findest du dafür ein Werkzeug unter dem Zauberstab in der oberen Menüleiste – es heißt „Klonen" und erlaubt dir, einen Bildbereich auf andere Stellen zu übertragen. In Fresco musst du die gewünschten Bereiche kopieren und einfügen.

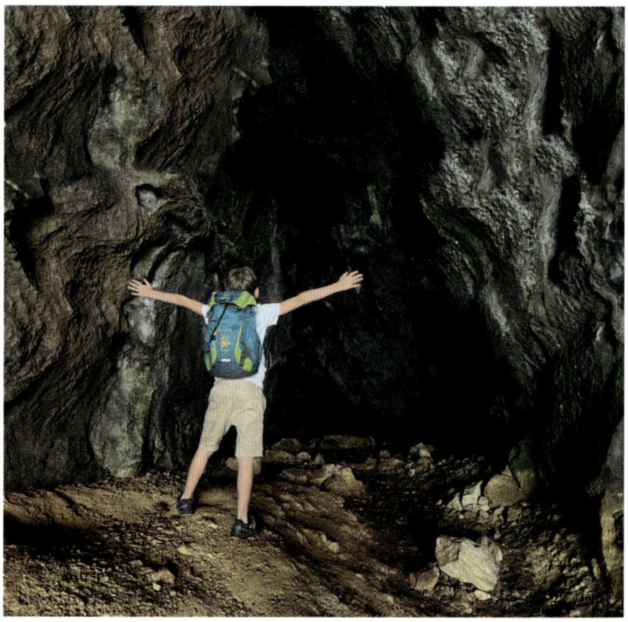

Jetzt, da genug Platz für mein Lettering ist, kann ich es auf einer neuen Ebene planen und dann so zeichnen, dass mein Sohnemann, der sich hier auf das Erforschen einer Höhle freut, von den Buchstaben umspielt wird. In unserem gemeinsamen Projekt machen wir das Schritt für Schritt zusammen.

BONUSMATERIAL

Im ZIP-Ordner findest du ein schönes Beispielfoto, um mein Lettering nacharbeiten zu können, ohne weitere Anpassungen am Bild vornehmen zu müssen. Der blaue Himmel eignet sich gut für ein Lettering und du kannst die Rückenansicht der Frau auf dem Foto mit den Buchstaben umspielen.

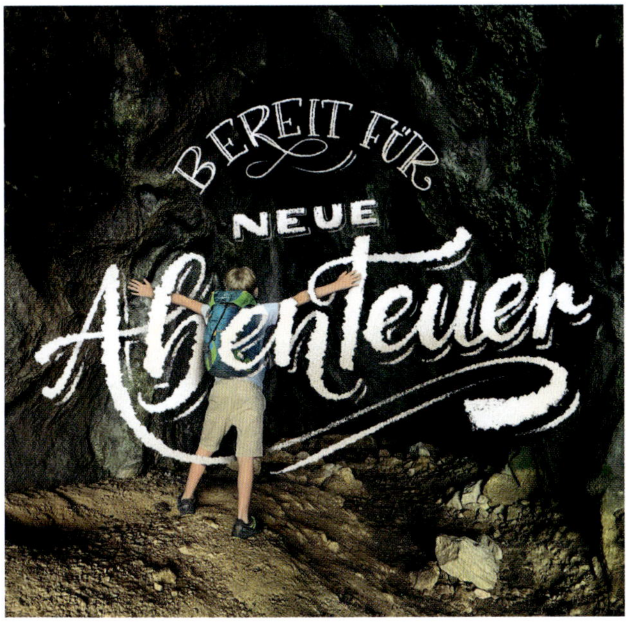

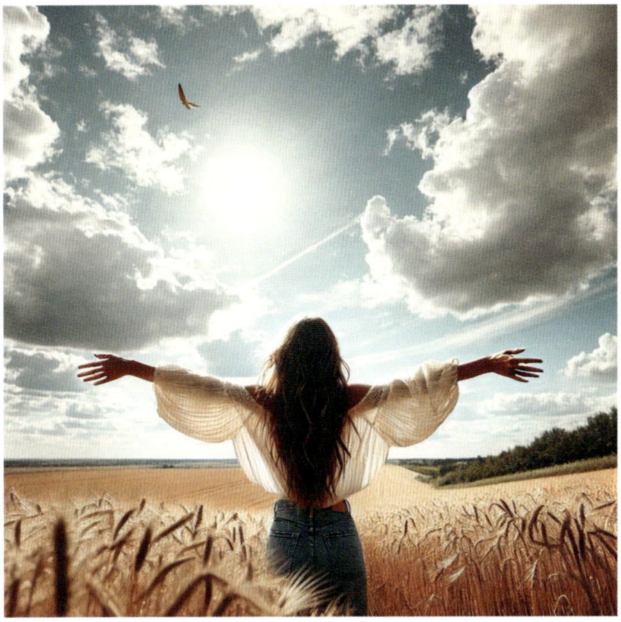

TIPP

Besonders einfach funktioniert das Kopieren mit strukturierten Hintergründen wie Gras, Baumkronen oder eben Felsen. So mancher Himmel lässt sich sogar noch leichter erweitern, weil du mit einem weichen Airbrush-Pinsel die Erweiterung selber malen kannst. Es muss nicht perfekt werden, schließlich liegt das Augenmerk später auf deinem Lettering und kleine Bildfehler werden oft sowieso vom Lettering überdeckt.

DIGITALES BONUSMATERIAL
Foto-Lettering-Vorlage.jpg

SCHRITT 1: HINTERGRUND UND LAYOUT

Das Foto für dieses Lettering habe ich von der Seite unsplash.com heruntergeladen. Hier stellen Fotograf:innen ihre Bilder für den privaten Gebrauch kostenlos zur Verfügung – eine gute Ausweichmöglichkeit, wenn du selbst kein passendes Foto machen kannst. Auch hier habe ich das Format für mich angepasst, indem ich die Leinwand nach oben hin verlängert und mit der Farbe des Himmels gefüllt habe.

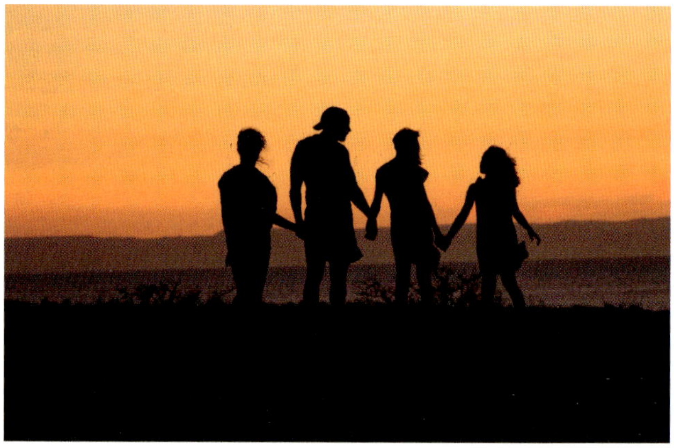

BONUSMATERIAL

In deinem ZIP-Ordner findest du ein Foto mit einer Gruppe von Menschen, die du als Hintergrundgrafik nutzen kannst.

DIGITALES BONUSMATERIAL
Menschengruppe-Vorlage.jpg

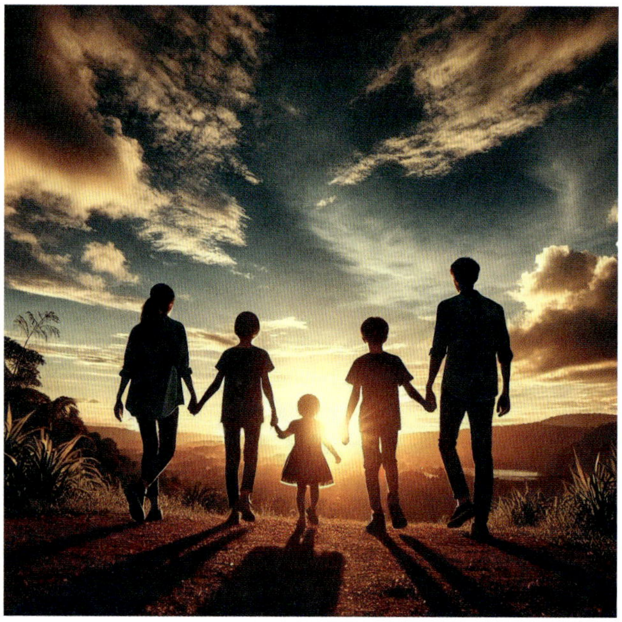

Der Spruch, den ich mir für die kleine Menschengruppe ausgesucht habe, lautet: „Das Beste, was man festhalten kann, ist einander". Das letzte Wort soll die gesamte Gruppe einfassen. Außerdem mische ich verschiedene Schriftarten: Schreibschrift im Brush-Lettering-Stil findet hier ebenso Verwendung wie Druckbuchstaben und Serifenschrift.

Da du beim digitalen Lettern Ebenen verwenden und diese nach Belieben transparent machen und eventuell auch wieder entfernen kannst, ist es am einfachsten, deinen Spruch zunächst direkt auf eine neue Ebene zu skizzieren. Verringere dazu zuerst die Deckkraft des Fotos, damit du deine Buchstaben gut sehen kannst und lege darüber deine neue Skizzenebene an.

Male die Buchstaben schon jetzt in der richtigen Größe und kombiniere verschiedene Schriftarten. Es wird sicher einige Anläufe brauchen, bis dir die Kombination gefällt – das ist ganz normal und gehört zum Planen und Skizzieren eines Letterings dazu.

KLEINER ZWISCHENDURCH-EXKURS

LAYOUTBLÖCKE

Damit noch mehr Schwung in dein Lettering kommt, kannst du nicht nur verschiedene Größen, Strichstärken und Schriftarten kombinieren, sondern auch geschwungene oder gebogene Grundlinien integrieren. Zeichne dir beim Skizzieren immer wieder Hilfslinien ein, um die Buchstabengrößen leicht einpassen zu können. Die Skizze braucht nicht besonders exakt zu sein. Lege in diesem Stadium noch keinen großen Wert auf Details, sondern arbeite zügig, damit du deine Versuche auch ohne Reue wieder löschen kannst. Wir werden im nächsten Schritt eine saubere Skizze anlegen.

BONUSMATERIAL

Hier siehst du einige Beispiele, wie du einzelne Worte oder kleine Wortgruppen in Szene setzen kannst. Und damit du solche Layoutblöcke nicht jedes Mal neu zeichnen musst, gibt es im ZIP-Ordner Pinsel für dich. Die Pinsel, die du dort findest, bringen mit einem Tupfer einen Layoutblock als Hilfslinie auf deine Leinwand.

DIGITALES BONUSMATERIAL
Layout-Blöcke.brushset

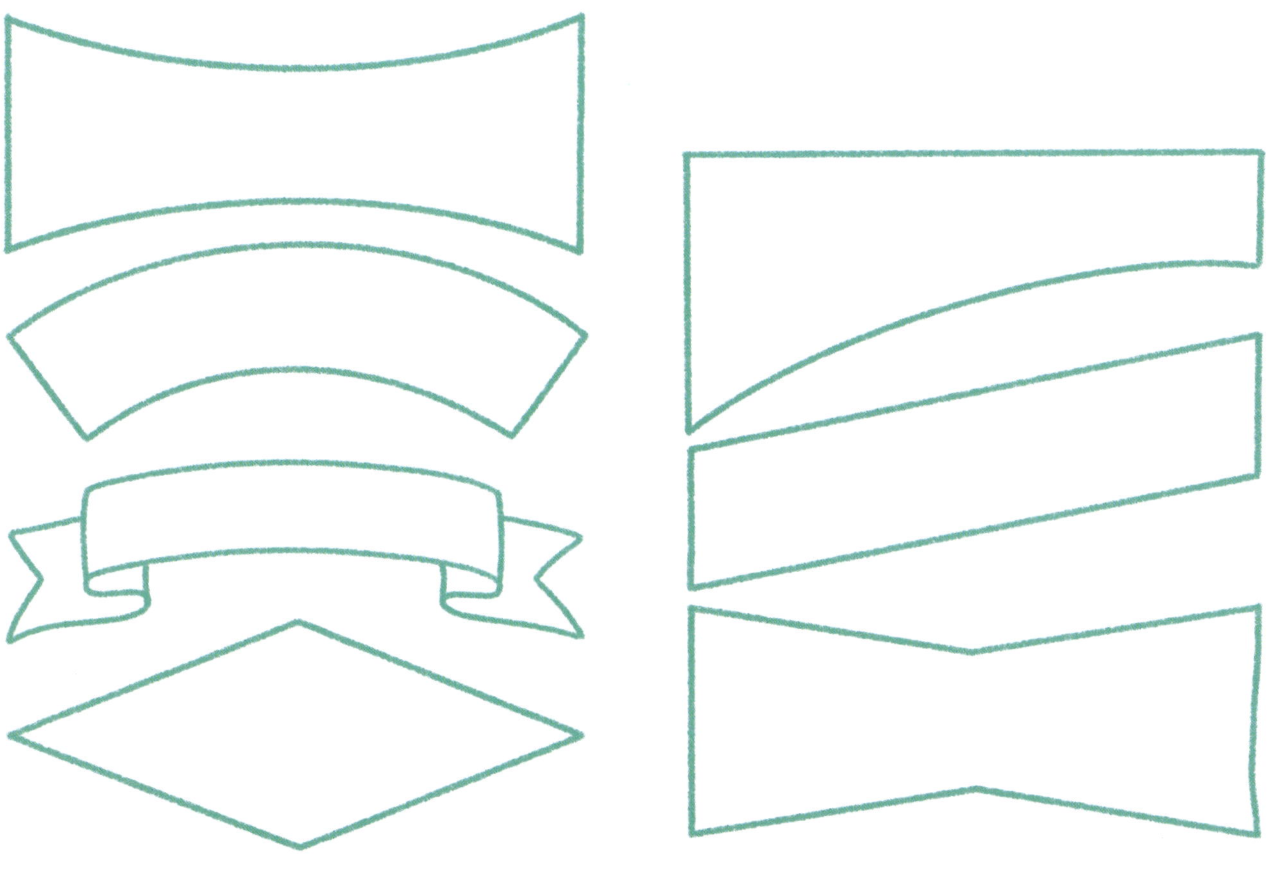

BEISPIEL-LAYOUTS

Hier siehst du einige meiner eigenen Layouts. Du kannst gern eines davon übernehmen, aber da die Komposition von Layouts ein wichtiger Aspekt beim Lettern ist, möchte ich dir ans Herz legen, auch ein eigenes Layout zu entwerfen.

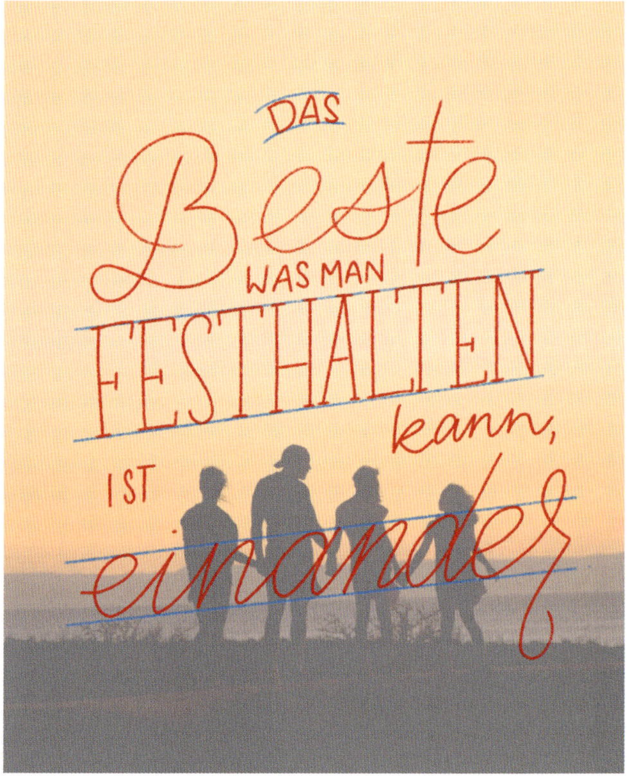

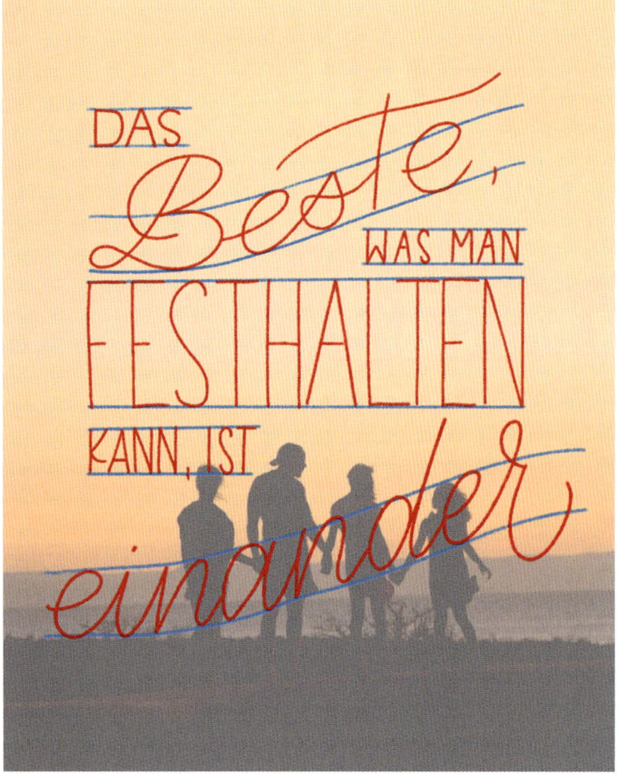

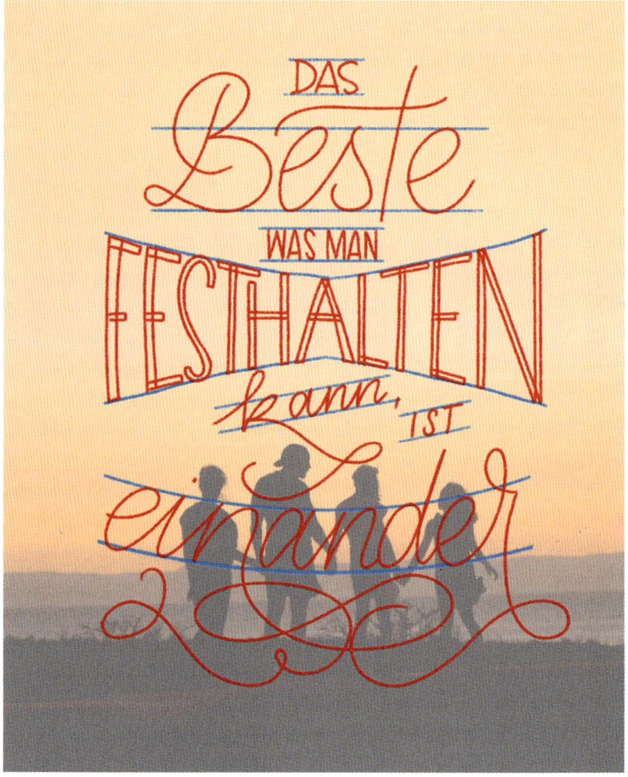

SCHRITT 2:
SKIZZE REINZEICHNEN

Sobald du dich für ein Layout entschieden hast und deine Worte – zumindest grob – ihren Platz gefunden haben, kannst damit beginnen, eine endgültige, klare Skizze anzulegen. Beginne dazu auf einer neuen Ebene sämtliche Hilfslinien einzuzeichnen. Jetzt ist es wichtig, darauf zu achten, dass die Linien, die parallel sein sollen, auch wirklich überall im gleichen Winkel zueinanderstehen. Das erreichst du am einfachsten, indem du eine lange Hilfslinie zeichnest und diese so oft kopierst, wie du sie benötigst. Nach dem Einfügen schiebst du die Linie einfach an die richtige Stelle und kürzt sie, falls nötig. Mit Bögen und Schwüngen kannst du ebenso verfahren.

TIPP

Wenn du einen Querstrich in deinem Lettering hast, der einer gebogenen Grundlinie folgen kann, nutze diesen Umstand gern aus. In meinem Beispiel auf Seite 106 rechts unten siehst du, wie das „t" von „Beste" seinen Querstrich an die Grundlinie des Wortes „DAS" anschmiegt.

Sobald du alle Hilfslinien eingefügt hast, zeichnest du deine Skizze auf einer neuen, leeren Ebene noch einmal sauber nach. Achte diesmal aber ganz genau darauf, die Hilfslinien einzuhalten. Gehe außerdem bei den Buchstaben, die über den Menschen auf dem Foto liegen, besonders sorgfältig vor. Denn jetzt solltest du die Buchstabenstriche so zeichnen, dass du Teile davon hinter den Personen verstecken kannst, ohne dass der Schriftzug unleserlich wird.

Hier siehst du meine fertige Skizze. Die Hilfslinien habe ich hier für dich ausgeblendet, aber ich nutze sie auch im nächsten Schritt immer wieder zur Kontrolle.

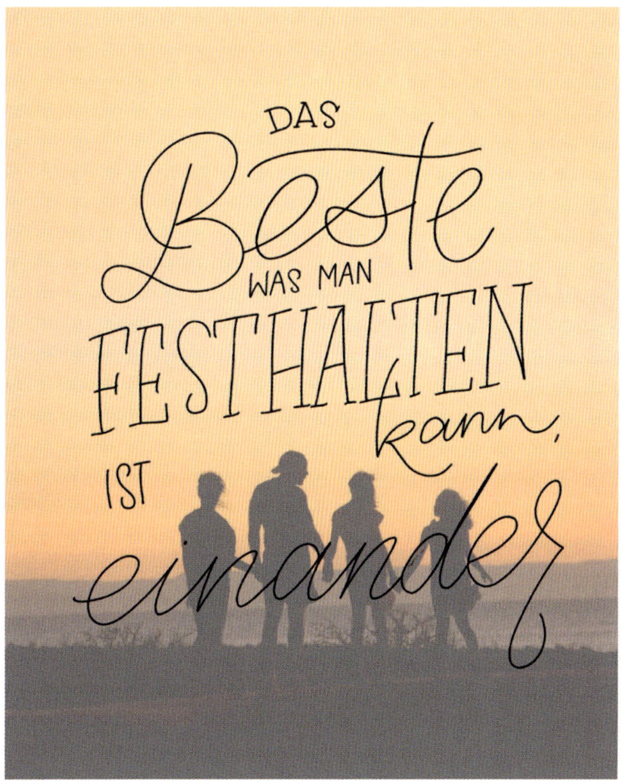

SCHRITT 3: REINZEICHNUNG UND DEKO

Male nun mit verschiedenen Pinseln mit und ohne Druckempfindlichkeit deine Schriftzüge. Du siehst in meinem fertigen Lettering, dass ich sowohl Brush-Lettering als auch Monoline und Serifenschriften eingesetzt habe. Hier finden praktisch alle Techniken Verwendung, die ich dir in meinem Workshop bis hierhin gezeigt habe.

Mein Bild besteht aus vielen Ebenen, Masken und **Clipping-Masken**. Die Farben habe ich ganz zum Schluss verändert, als die finalen Feinarbeiten bereits erledigt waren.

Dies ist mit Abstand das größte Projekt aus unserem Workshop. Lass dir also Zeit und probiere gern auch verschiedene Varianten aus, indem du dein Projekt kopierst und einen anderen Ansatz verfolgst.

Ich hoffe, dass du bei unserem Abschlussprojekt vieles einsetzen konntest, was du gelernt hast. Gerade der Einsatz von Ebenen, Masken und Werkzeugen macht das digitale Lettern so besonders. Von jetzt an kannst du so ziemlich jeden Stil und Effekt in dein Lettering einarbeiten – das Handwerkszeug dazu hast du. Bleib dran, mit jedem digitalen Lettering wirst du deine Arbeitsweise und deine Ergbnisse verbessern. Ich wünsche dir viel Spaß und Erfolg auf deinem weiteren Weg!

Deine

Ludmila

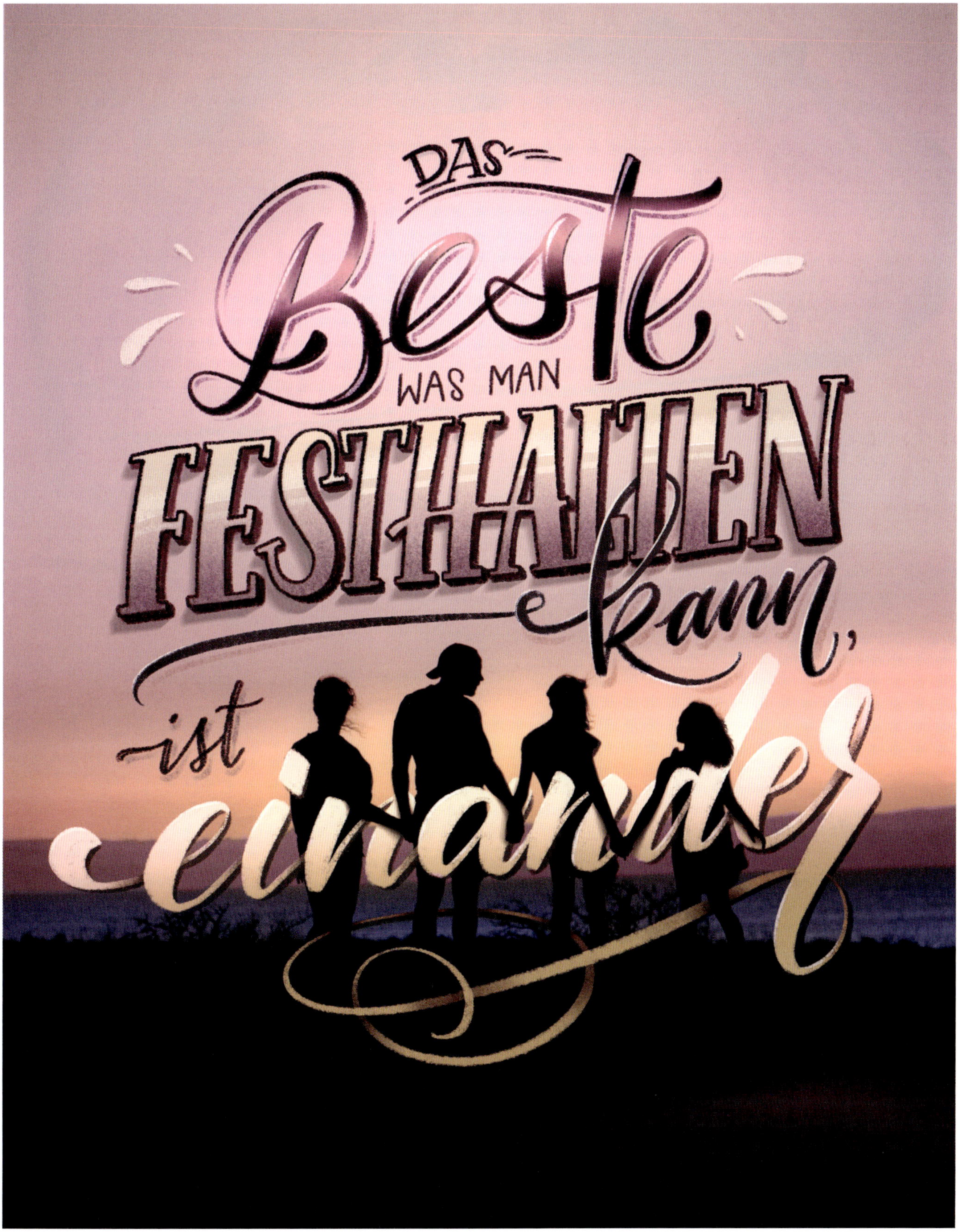
DAS
Beste
WAS MAN
FESTHALTEN
kann,
ist
einander

STICHWORTVERZEICHNIS

BUCHEMPFEHLUNGEN FÜR DICH

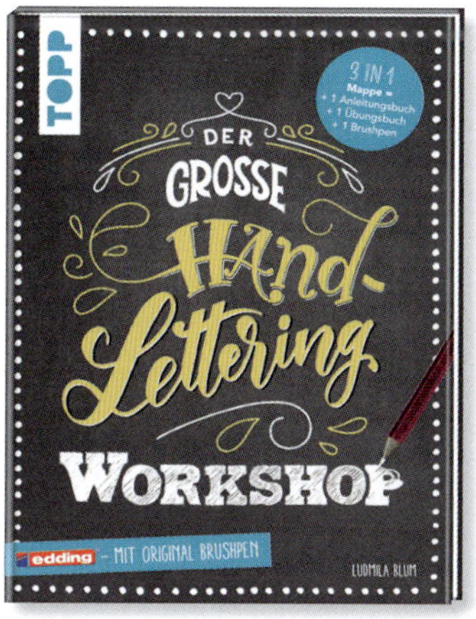

ISBN 978-3-7724-8341-7

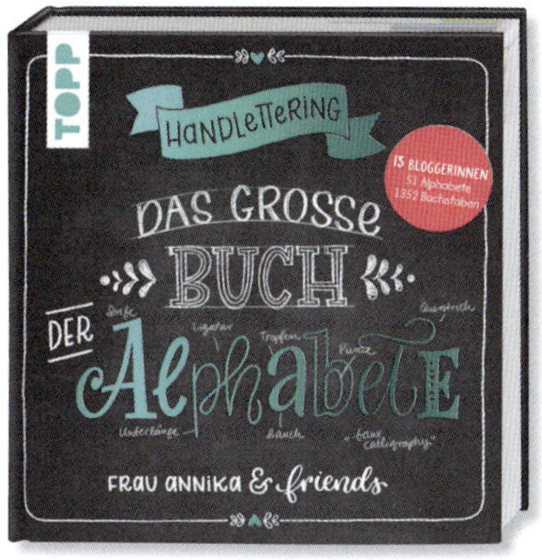

ISBN 978-3-7724-8333-2

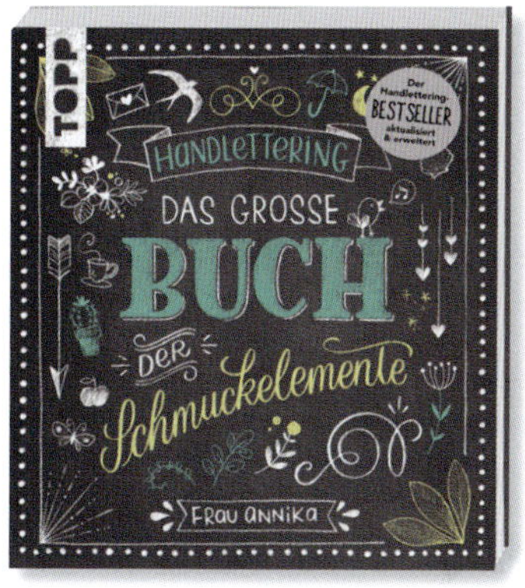

ISBN 978-3-7724-4741-9

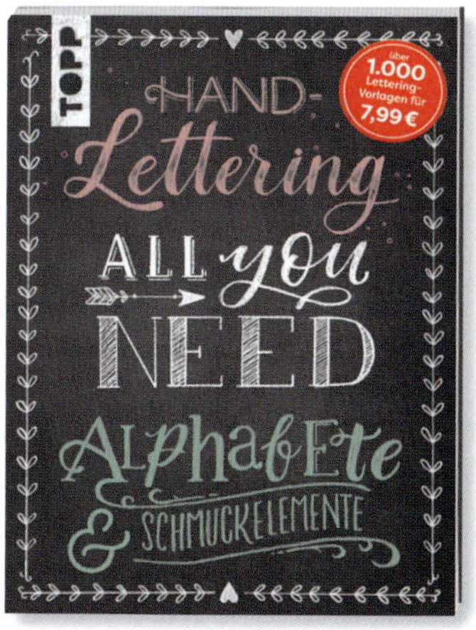

ISBN 978-3-7724-8375-2

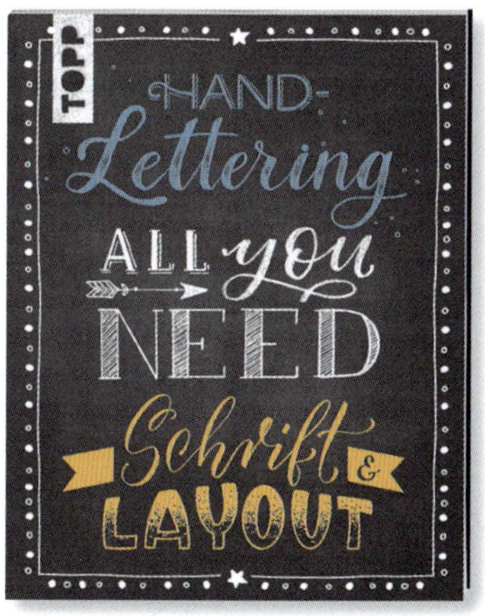

ISBN 978-3-7724-4798-3

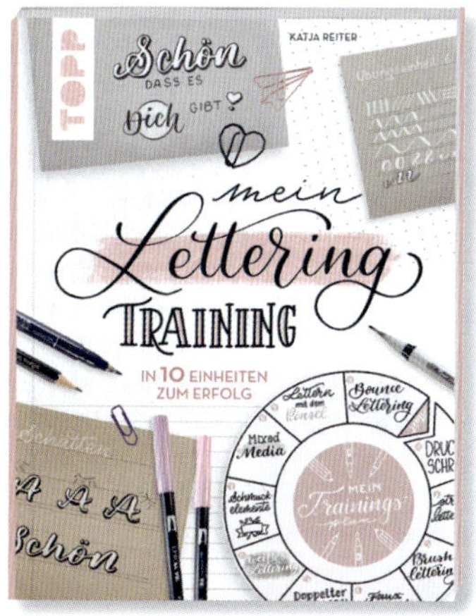

ISBN 978-3-7358-8010-9

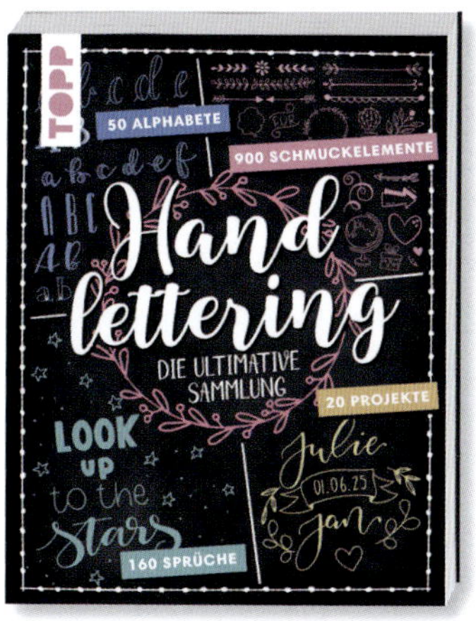

ISBN 978-3-7358-8160-1

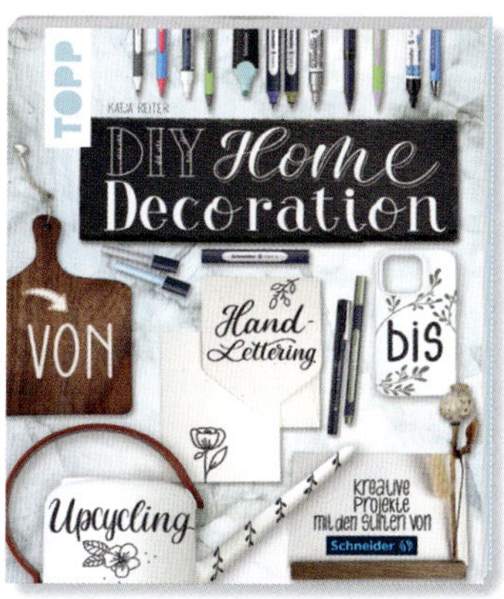

ISBN 978-3-7358-8158-8

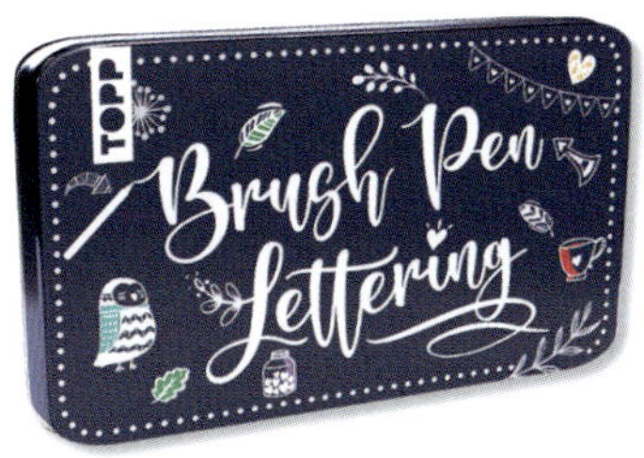

GTIN 4007742185602

Viele weitere Kreativ-Bücher findest du auf www.TOPP-kreativ.de

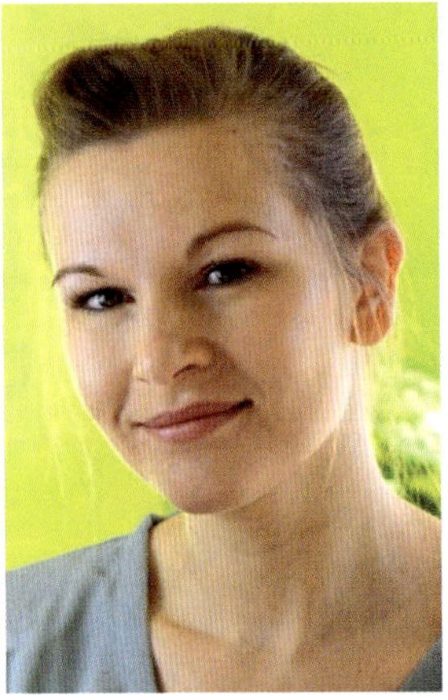

AUTORIN

Ludmila Blum sitzt als Mutter von drei Kindern häufig mit Stift und Papier zwischen Bergen von Kinderspielzeug – sie kann einfach nicht von ihrer kreativen Ader lassen. Mit ihrem Blog „Bunte Galerie" möchte sie nicht nur inspirieren, sondern auch zum Mitmachen motivieren. Sie beschäftigt sich dort mit den vielfältigen Aspekten des Letterns und zeigt anhand zahlreicher Tutorials und Anleitungs-Videos, wie originelle Handlettering-Unikate entstehen.

Die DigiBib – Alle Updates für dich

www.topp-kreativ.de/digitale-bibiliothek/

Hier findest du alle aktuellen Infos zu deinem Produkt, außerdem alle Videos, die beiden digitalen Nachschlagewerke und dein prallgefülltes Downloadpaket als ZIP-Datei.

Der Freischaltcode für die digitalen Inhalte lautet: 57516

IMPRESSUM

FOTOS: iStockfoto © Zerbor (S. 71)
ILLUSTRATIONEN: LUDMILA BLUM
UMSCHLAGGESTALTUNG: Ludmila Blum, Petra Schmitt
PRODUKTMANAGEMENT: Hannelore Irmer-Romeo
LEKTORAT: Betz Lektorat + Redaktion, Tübingen
LAYOUT & HERSTELLUNG: Sophia Höpfner
SATZ: Arnold & Domnick, Leipzig
DRUCK UND BINDUNG: DZS Grafik, Slowenien

1. Auflage 2024

ISBN: 978-3-7358-8141-0 • Best.-Nr. 28141

MIX
Papier | Fördert gute Waldnutzung
FSC® C106600

Penguin Random House Verlagsgruppe
FSC® N001967